U0035499

讓你智慧大開之書

——《呻吟語》——

內篇

呂坤 原著
蔡登山 主編

智慧之書——呂坤的《呻吟語》

蔡登山

呂坤是明朝著名思想家、文學家。其著作《呻吟語》一書暢銷一時，他與沈鯉，郭正域被當時稱為為萬曆年間「三大賢」。清朝道光六年（1826），朝廷應禮部之呈請，呂坤被入祀孔廟西廡，這是他去世已逾兩百年之後，被清廷官方認定為一代「真儒」。根據劉金芳〈商丘歷史名人呂坤：一位被稻盛和夫敬佩的儒者〉文中說：「呂坤的思想不但影響國內，同樣在國外也有很大影響，呂坤的著作《呻吟語》，先後被翻譯成二十個國家的文字出版發行，在日本、韓國、美國、埃及等國家也有崇高的學術地位。同樣也影響了日本商業界。『深厚沉重是第一資質，磊落豪雄是第二資質，聰明才辯是第三資質。』這是呂坤在其《呻吟語》中對於人才的分類。被譽為日本四大『經營之聖』之一的日本著名企業家稻盛和夫深受此書影響，直言《呻吟語》是他修煉自己與管理企業的四本書之一。」

呂坤（1536—1618），字叔簡，號新吾，河南寧陵縣人（今屬河南商丘），幼時讀書，即厭訓詁家言，謂其雜亂零落，不切實際，棄而不學，日惟默坐澄心，體認天地事物之本旨，久之便有所澈悟。到了十五歲，四子五經皆能習誦。明世宗嘉靖四十五年（1561）中舉人，穆宗隆慶五年（1571）中進士，但因母親去世，回鄉服喪。三年期滿，到了神宗萬曆二年（1574）才出任山西省襄垣知縣。到任之後，治尚嚴明，撫良懲暴，又設法積穀救飢，立河倉，修堤防，邑民賴之以安。又修學宮，設學田，時常召集諸生，講授經術，朞年之間，政通人和。可惜的是他在襄垣一年，又調往大同令，他除暴安良，秉公執法，時人讚嘆「天下第一不受請託，無如大同令」。在大同一年多的光景，調中樞為吏部主事，任事之後，崢崢直言，不稍畏忌。在部十年，論勞績應當轉升京卿，可是因他不結當道，遭同僚的忌妒和排擠，被放為山東參政，出守濟南，三年之內，濟南一帶大治，四境昇平，民安物阜。萬曆十八年，調升山西按察使，過了一年，又調為陝西布政使，再過一年，調升巡撫山西右僉都御使。在此為官期間，他都能夠「正己率屬，身體力行，不受饋遺，不取贖羨，不妄薦以官，不枉劾以職。」萬曆二十二年，調升為刑部左侍郎，任上三年，朝政日非，征斂苛雜，他就上了一道奏摺，慷慨陳詞，痛切地毫無規避隱飾的指摘時政，這份〈憂危疏〉對皇帝的攬財怠政及國家治理上的諸多弊端都有指出，也因此觸怒神宗，被留中不發，呂坤遂憤然辭職，閉門專心著述，面對朝局日漸敗壞，世風日下，他的內心充滿了憤慨和失望。他在〈自撰墓志銘〉說：「今已矣，欲有所言，竟成結舌；欲有所為，竟成齎志。卷獨知之契於一腔，付獨見之言於一炬，將一寸丹心獻之上帝，任其校勘，平生將兩肩重擔付之同人，賴其挽回世道，余謝人間世矣。」呂坤擁有一顆為國為民的正直之心，然他的公正，他的無私，他的廉潔，他的敢言，為世者所不容，黃宗羲這樣評價他：「每遇國家大事，先生持正，不為首鼠，以是小人所不悅。」

當歸林之日，他也不過四十幾歲。他在家中，度過下半世的光陰，他雖然悠游林下，但他並沒有休息，日與門弟子講經論道，切磋道德，寧陵古稱沙隨，人都稱他為「沙隨夫子」。黃宗羲曾經在《明儒學案》中讚揚他說：「一生孜孜講學，多所自得，大抵在思上做工夫，心頭有一分檢點，便有一分得處，蓋從憂患中歷過，故不敢任情如此。」

呂坤致力於倡導實學，講究經世致用，他繼承實踐陽明心學知行合一的觀點，主張用真實有用的實學，來推動社會改革、躬行地方實踐，在當時形成了一股社會思潮，推動「致良知」對鄉民的教化。呂坤著述頗豐，主要作品除《呻吟語》、《實政錄》外，還有《去偽齋集》、《閨範》、《演小兒語》、《四禮翼》、《四禮疑》、《交泰韻》等二十多部，內容涉及政治、經濟、女子教育、童蒙教育、修身處世以及禮法、醫學、音韻等諸多領域。

《呻吟語》共六卷，分內、外篇，前三卷為內篇，有性命、存心、倫理、談道、修身、問學、應務、養生等八篇；後三卷為外篇，有天地、世運、聖賢、品藻、治道、人情、物理、廣喻、詞章等九篇，總計十七篇。《呻吟語》分卷、分篇、分章編排，每則內容相對獨立，圍繞一個主題，集中談一個問題，多非問答之語，而以獨白為主體，雖有少量的對話，但對話的另一方常以「或問」、「人問」的身份出現。這都是呂坤自己的假設，其目的是為了凸顯問題的答案，它不同於《論語》是由孔子門人編撰的缺乏一致性。《呻吟語》作為一部優秀的語錄體散文集，學者魏峨指出它有三大特點：一是文辭貼近口語，通俗、自然、淺顯；二是有感而發，不作無病呻吟；三是所錄要言不煩，多非長篇大論。其中所錄，有的不過三言兩語，最長一則也僅有六百三十字，言簡意賅，意味深長，字裡行間蘊藉著深刻的思想，閃爍著智慧的光芒！

譬如在〈存心〉篇，他說道：

心要如天平，稱物時，物忙而衡不忙；物去時，即懸空在此。只恁靜虛中正，何等自在！

君子洗得此心淨，則兩間不見一塵；充得此心盡，則兩間不見一礙；養得此心定，則兩間不見一怖；持得此心堅，則兩間不見一難。

士君子作人，事事時時只要個用心。一事不從心中出，便是亂舉動；一刻心不在腔子裡，便是空軀殼。

世之人何嘗不用心？都只將此心錯用了。故學者要知所用心，用於正而不用於邪，用於要而不用於雜，用於大而不用於小。

在〈修身〉篇，呂坤說：「人生天地間，要做有益於世底人。縱沒這心腸、這本事，也休做有損於世底人」。那做人應該達到何等境界呢？他說：「士君子只求四真：真心、真口、真耳、真眼。真心無妄念，真口無雜語，真耳無邪聞，真眼無錯識。」「真」是做人的標準，就是要內心坦蕩，用一顆真心來對待一切人和事。他並提出一個人有過要認過，還要改過，他說：「有過是一過，不肯認過又是一過。一認則兩過都無，一不認則兩過不免。」而對於「貧富、貴賤、得失、榮辱」要保持平常心、曠達心，他說：「我身原無貧富、貴賤、得失、榮辱字，我只是個我，故富貴、貧賤、得失、榮辱如春風秋月，自去自來，與心全不牽掛，我到底只是個我。夫如是，故可貧、可富、可貴、可賤、可得、可失、可榮、可辱。」

在〈問學〉篇，他主張學問貴在自得、創新，他反對「攝著人家腳跟走」，也不贊成「跟著數聖人走」，強調「各人走個人路」。他提出「學以自得為宗」的治學思想，還提出「心術、學術、政術」對一位學者的重要性，即「心術要誠，學術要正，政術要仁」，而此「三術」中，以「心術」最為重要，也就是說學者最忌諱「器度小」「小家子氣」和自欺自利等。

至於在〈應務〉篇，也就是在為人處事上，他認為「察言觀色，度德量力」這八個字最為重要。與人交往，「疑心最害事」，而做事要從「實處著腳，穩處下手」。他說：「余行年五十，悟得『五不爭』」，而所謂「五不爭」就是「不與居積人爭富，不與進取人爭貴，不與矜飾人爭名，不與簡傲人爭禮，不與盛氣人爭是非。」這是呂坤人生處事的經驗之談。

《呻吟語》的寫作時間長達三十年，呂坤從嘉靖四十二年（1563）開始撰寫，一直到萬曆二十一年（1593）才刊行，而刊行之後，仍筆耕不輟，到了萬曆四十四年（1616），又刊行了兩卷本《呻吟語摘》。兩本著作的寫作，前後長達五十三年，在八十三歲的生命裡，其實已經超過他的大半生了。這其中包含呂坤對人生和世情的觀察、思考、認識和探索，充滿了睿智的哲理、真情的感悟和對真理的不懈追求，是他大半生經驗和智慧的結晶。也為後人在啟迪心靈、品味人生、闡範道德、指導實踐方面提供了借鑑，也因此被稱為一本「人生的百科全書」。

讓你智慧大開的書——《呻吟語》

呂坤

序

呻吟，病聲也。呻吟語，病時疾痛語也。病中疾痛，惟病者知，難與他人道，亦惟病時覺，既癒，旋復忘也。

予小子生而昏弱善病，病時呻吟，輒志所苦以自恨曰：「慎疾，無復病。」已而弗慎，又復病，輒又志之。蓋世病備經，不可勝志。一病數經，竟不能懲。語曰：「三折肱成良醫。」予乃九折臂矣。痼年年，呻吟猶昨。嗟嗟！多病無完身，久病無完氣，予奄奄視息，而人也哉？

三十年來，所志《呻吟語》，凡若干卷，攜以自藥。司農大夫劉景澤，攝心繕性，平生無所呻吟，予甚愛之。頃共事鴈門，各談所苦，予出《呻吟語》眎景澤。景澤曰：「吾亦有所呻吟而未之志也。吾人之病，大都相同。子既志之矣，盍以公人？蓋三益焉：醫病者，見子呻吟，起將死病；同病者，見子呻吟，醫各有病；未病者，見子呻吟，謹未然病。是子以一身示懲於天下，而所壽者眾也。既子不癒，能以癒人，不既多乎？」余矍然曰：「病語狂，又以其狂者惑人聞聽，可乎？」因擇其狂而未甚者存之。

嗚呼！使予視息苟存，當求三年艾，健此餘生，何敢以疣痼自棄？景澤，景澤，其尚醫予也夫！

萬曆癸巳三月，抱獨居士寧陵呂坤書。

目次
CONTENTS

內篇・卷三

內篇・

卷一

性命・存心・倫理・談道

性命

正命者，完卻正理，全卻初氣，未嘗以我害之，雖桎梏而死，不害其為正命。若初氣所鑿喪，正理不完，即正寢告終，恐非正命也。

德性以收斂沉著為第一，收斂沉著中，又以精明平易為第一大段。收斂沉著，人怕含糊，怕深險。淺浮子雖光明洞達，非蓄德之器也。

或問：「人將死而見鬼神，真耶？幻耶？」曰：「人寤則為真見，夢則為妄見。魂遊而不附體，故隨所之而見物，此外妄也。神與心離合而不安定，故隨所交而成景，此內妄也。故至人無夢，愚人無夢，無妄念也。人之將死，如夢然，魂飛揚而神亂於目，氣浮散而邪客於心，故所見皆妄，非真有也。或有將死而見人拘繫者，尤妄也。異端之語，入人骨髓，將死而懼，故常若有見。若死必有召之者，則牛羊蚊蟻之死，果亦有召之者耶？大抵草木之生枯、土石之凝散、人與眾動之死生始終有無，只是一理，更無他說。萬一有之，亦怪異也。」

氣，無終盡之時；形，無不毀之理。

真機、真味要涵蓄，休點破。其妙無窮，不可言喻。所以聖人無言。一犯口頰，窮年說不盡，又離披澆漓，無一些咀嚼處矣。

性分不可使虧欠，故其取數也常多，曰窮理，曰盡性，曰達天，曰入神，曰致廣大、極高明。情慾不可使贏餘，故其取數也常少，曰謹言，曰慎行，曰約己，曰清心，曰節飲食、寡嗜慾。

深沉厚重，是第一等資質；磊落豪雄，是第二等資質；聰明才辨，是第三等資質。

六合原是個情世界，故萬物以之相苦樂，而至人聖人不與焉。

凡人光明博大、渾厚含蓄，是天地之氣；溫煦和平，是陽春之氣；寬縱任物，是長夏之氣；嚴凝斂約、喜刑好殺，是秋之氣；沉藏固嗇，是冬之氣；暴怒，是震雷之氣；狂肆，是疾風之氣；昏惑，是霾霧之氣；隱恨留連，是積陰之氣；從容溫潤，是和風甘雨之氣；聰明洞達，是青天朗月之氣。有所鍾者，必有所似。

先天之氣，發洩處不過毫釐；後天之氣，擴充之必極分量。其實分量極處，原是毫釐中有底，若毫釐中合下原無，便是一些增不去。萬物之形色才情，種種可驗也。

蝸藏於殼，烈日經年而不枯，必有所以不枯者在也。此之謂以神用先天、造物命脈處。

蘭以火而香，亦以火而滅；膏以火而明，亦以火而竭；砲以火而聲，亦以火而洩。陰者所以存也，陽者所以亡也，豈獨聲色、氣味然哉？世知鬱者之為足，是謂萬年之燭。

火性發揚，水性流動，木性條暢，金性堅剛，土性重厚。其生物也亦然。

一則見性，兩則生情。人未有偶而能靜者，物未有偶而無聲者。

聲無形色，寄之於器；火無體質，寄之於薪；色無著落，寄之草木。故五行惟火無體，而用不窮。

人之念頭與氣血同為消長，四十以前是個進心，識見未定而敢於有為；四十以後是個定心，識見既定而事有酌量；六十以後是個退心，見識雖真而精力不振。未必人人皆此，而此其大凡也。古者四十仕，六十、七十致仕，蓋審之矣。人亦有少年退縮不任事，厭厭若泉下人者；亦有衰年狂躁妄動喜事者，皆非常理。若乃以見事風生之少年為任事，以念頭灰冷之衰夫為老成，則誤矣。鄧禹沉毅，馬援矍鑠，古誠有之，豈多得哉！

命本在天，君子之命在我，小人之命亦在我。君子以義處命，不以其道得之不處，命不足道也；小人以欲犯命，不可得而必欲得之，命不肯受也。但君子謂命在我，得天命之本然；小人謂命在我，幸氣數之或然。是以君子之心常泰，小人之心常勞。

性者，理氣之總名，無不善之理，無皆善之氣。論性善者，純以理言也；論性惡與善惡混者，兼氣而言也。故經傳言性，各各不同，惟孔子無病。

氣、習，學者之二障也。仁者與義者相非，禮者與信者相左，皆氣質障也。高髻而笑低髻，長裾而譏短袂，皆習見障也。大道明，率天下氣質而歸之，即不能歸，不敢以所偏者病人矣；王制一齊，天下趨向而同之，即不能同，不敢以所狃者病人矣。哀哉！茲誰任之？

父母全而生之，子全而歸之，髮膚還父母之初，無些毀傷，親之孝子也；天全而生之，人全而歸之，心性還天之初，無些缺欠，天之孝子也。

虞廷不專言性善，曰「人心惟危，道心惟微」，或曰「人心非性」。曰：「非性可矣，亦是陰陽五行化生否？」六經不專言性善，曰「惟皇上帝，降衷下民，厥有恒性」。又曰「天生蒸民有欲，無主乃亂」。孔子不專言性善，曰「繼之者，善也；成之者，性也。」又曰「性相近也」，「惟上智與下愚不移」。才說相近，便不是一個。相遠從相近起腳。子思不專言性善，曰「修道之謂教」。性皆善矣，道胡可修？孟子不專言性善，曰「聲色、臭味、安佚，性也」，或曰「這性是好性」。曰：「好性如何君子不謂？」又曰「動心忍性」。善性豈可忍乎？犬之性，牛之性，豈非性乎？犬、牛之性，亦仁、義、禮、智、信之性乎？細推之，犬之性猶犬之性，牛之性猶牛之性乎？周茂叔不專言性善，曰「五性想感而善惡分，萬事出矣」，又曰：「幾善惡。」程伯淳不專言性善，曰「惡亦不可不謂之性」。大抵言性善者，主義理而不言氣質，蓋自孟子之折諸家始。後來諸儒遂主此說，而不敢異同，是未觀於天地萬物之情也。義理固是天賦，氣質亦豈人為哉？無論眾人，即堯舜禹湯文武周孔，豈是一樣氣質哉？愚僭為之說曰：「義理之性，有善無惡；氣質之性，有善有惡。氣質亦天命於人，而與生俱生者，不謂之性可乎？程子云：『論性不論氣不備，論氣不論性不明。』將性氣分作兩項，便不透徹。張子以善為天地之性，清濁純駁為氣質之性，似覺支離。其實，天地只是一個氣，理在氣之中，賦於萬物，方以性言。故性字從生從心，言有生之心也。設使沒有氣質，只是一個德性，人人都是生知聖人，千古聖賢千言萬語、教化刑名都是多了底，何所苦而如此乎？這都是降伏氣質，扶持德性。立案於此，俟千百世之後駁之。」

性，一母而五子，五性者，一性之子也。情者，五性之子也。一性靜，靜者陰；五性動，動者陽。性本渾淪，至靜不動，故曰：「人生而靜，天之性也。」才說性，便已不是性矣。此一性之說也。

宋儒有功於孟子，只是補出個氣質之性來，省多少口脂！

問：「禽獸草木亦有性否？」曰：「有。」再問：「其性亦天命否？」曰：「天以陰陽五行化生萬物，安得非天命？」

或問：「孔子教人，性非所先。」曰：「聖人開口處都是性。」

水無渣，著土便濁；火無氣，著木便煙。性無二，著氣質便雜。

滿方寸渾成一個德性，無分毫私欲，便是一心之仁；六尺渾成一個沖和，無分毫病痛，便是一身之仁；滿六合渾成一個身軀，無分毫間隔，便是合天下以成其仁。仁是全體，無毫髮欠缺；仁是純體，無纖芥瑕疵；仁是天成，無些子造作。眾人分一心為胡越，聖人會天下以成其身。愚嘗謂：「兩間無物我，萬古一呼吸。」

存心

心要如天平，稱物時，物忙而衡不忙；物去時，即懸空在此。只恁靜虛中正，何等自在！

收放心，休要如追放豚，既入笠了，便要使他從容閑暢，無拘迫懊憹之狀。若恨他難收，一向束縛在此，與放失同。何者？同歸於無得也。故再放便奔逸，不可收拾。君子之心，如習鷹馴雉，搏擊飛騰，主人略不防閑；及上臂歸庭，卻恁忘機自得，略不驚畏。

學者只事事留心，一毫不肯苟且，德業之進也，如流水矣。

不動氣，事事好。

心放不放，要在邪正上說，不在出入上說。且如高臥山林，遊心廊廟，身處衰世，夢想唐虞，遊子思親，貞婦懷夫，這是個放心否？若不論邪正，只較出入，卻是禪定之學。

或問：「放心如何收？」余曰：「只君此問，便是收了。這放收甚容易，才昏昏便出去，才惺惺便在此。」

常使精神在心目間，便有主而不眩於客感之交，只一昏昏，便是胡亂應酬。豈無偶合？終非心上經歷過，竟無長進，譬之夢食，豈能飽哉？

防欲如挽逆水之舟，才歇力便下流；力善如緣無枝之樹，才住腳便下墜。是以君子之心，無時而不敬畏也。

一善念發，未說到擴充，且先執持住，此萬善之囮也。若隨來隨去，更不操存此心，如驛傳然，終身無主人住矣。

千日集義，禁不得一刻不慊於心，是以君子瞬存息養，無一刻不在道義上。其防不義也，如千金之子之防盜，懼餒之故也。

無屋漏工夫，做不得宇宙事業。

君子口中無慣語，存心故也。故曰：「修辭立其誠。」不誠，何以修辭？

一念收斂，則萬善來同；一念放恣，則百邪乘釁。

得罪於法，尚可逃避；得罪於理，更沒處存身。只我底心，便放不過我。是故君子畏理，甚於畏法。

或問：「雞鳴而起，若未接物，如何為善？」程子曰：「只主於敬，便是善。」愚謂：惟聖人未接物時，何思何慮？賢人以下，睡覺時，合下便動個念頭，或昨日已行事，或今日當行事，便來心上。只看這念頭如何，如一念向好處想，便是舜邊人；若一念向不好處想，便是蹠邊人。若念中是善，而本意卻有所為，這又是舜中蹠，漸來漸去，還向蹠邊去矣。此是務頭工夫。此時克己更覺容易，點檢更覺精明，所謂「去惡在纖微，持善在根本」也。

目中有花，則視萬物皆妄見也；耳中有聲，則聽萬物皆妄聞也；心中有物，則處萬物皆妄意也。是故此心貴虛。

忘是無心之病，助長是有心之病。心要從容自在，活潑於有無之間。

靜之一字，十二時離不了，一刻才離，便亂了。門盡日開闔，樞常靜；妍媸盡日往來，鏡常靜；人盡日應酬，心常靜。惟靜也，故能張主得動，若逐動而去，應事定不分曉。便是睡時，此念不靜，作個夢兒也胡亂。

把意念沉潛得下，何理不可得？把志氣奮發得起，何事不可做？今之學者，將個浮躁心觀理，將個委靡心臨事，只模糊過了一生。

心平氣和，此四字非涵養不能做，工夫只在個定火。火定則百物兼照，萬事得理。水明而火昏，靜屬水，動屬火，故病人火動，則躁擾狂越，及其蘇定，渾不能記。蘇定者，水澄清而火熄也。故人非火不生，非火不死；事非火不濟，非火不敗。惟君子善處火，故身安而德滋。

當可怨、可怒、可辯、可訴、可喜、可愕之際，其氣甚平，這是多大涵養。

天地間真滋味，惟靜者能嘗得出；天地間真機括，惟靜者能看得透；天地間真情景，惟靜者能題得破。作熱鬧人，說孟浪語，豈無一得？皆偶合也。

未有甘心快意而不殃身者。惟理義之悅我心，卻步步是安樂境。

問：「慎獨如何解？」曰：「先要認住獨字，獨字就是意字。稠人廣坐、千軍萬馬中，都有個獨。只這意念發出來，是大中至正底，這不勞慎，就將這獨字做去，便是天德王道。這意念發出來，九分九釐是，只有一釐苟且為人之意，便要點檢克治，這便是慎獨了。」

用三十年心力，除一個偽字不得。或曰：「君盡尚實矣。」余曰：「所謂偽者，豈必在言行間哉？實心為民，雜一念德我之心，便是偽；實心為善，雜一念求知之心，便是偽；道理上該做十分，只爭一毫未滿足，便是偽；汲汲於向義，才有二三心，便是偽；白晝所為皆善，而夢寐有非僻之干，便是偽；心中有九分，外面做得恰象十分，便是偽。此獨覺之偽也，余皆不能去，恐漸漬防閑，延惡於言行間耳。」

自家好處，掩藏幾分，這是涵蓄以養深；別人不好處，要掩藏幾分，這是渾厚以養大。

寧耐，是思事第一法；安詳，是處事第一法；謙退，是保身第一法；涵容，是處人第一法；置富貴、貧賤、死生、常變於度外，是養心第一法。

胸中情景，要看得春不是繁華、夏不是發暢、秋不是寥落、冬不是枯槁，方為我境。

大丈夫不怕人，只是怕理；不恃人，只是恃道。

靜裡看物欲，如業鏡照妖。

「躁心浮氣，淺衷狹量」，此八字，進德者之大忌也。去此八字，只用得一字，曰主靜。靜則凝重。靜中境自是寬闊。

士君子要養心氣，心氣一衰，天下萬事，分毫做不得。冉有只是個心氣不足。

主靜之力，大於千牛，勇於十虎。

君子洗得此心淨，則兩間不見一塵；充得此心盡，則兩間不見一礙；養得此心定，則兩間不見一怖；持得此心堅，則兩間不見一難。

人只是心不放肆，便無過差；只是心不怠忽，便無遺忘。

胸中只擺脫一「戀」字，便十分爽淨，十分自在。人生最苦處，只是此心沾泥帶水，明是知得，不能斷割耳。

盜，只是欺人。此心有一毫欺人、一事欺人、一語欺人，人雖不知，即未發覺之盜也。言如是而行欺之，是行者言之盜也；心如是而口欺之，是口者心之盜也；才發一個真實心，驟發一個偽妄心，是心者心之盜也。諺云：「瞞心昧己。」有味哉其言之矣。欺世盜名，其過大；瞞心昧己，其過深。

此心果有不可昧之真知，不可強之定見，雖斷舌可也，決不可從人然諾。

才要說睡，便睡不著；才說要忘，便忘不得。

舉世都是我心，去了這我心，便是四通八達，六合內無一些界限。要去我心，須要時時省察：這念頭是為天地萬物？是為我？

目不容一塵，齒不容一芥，非我固有也。如何靈台內許多荊榛，卻自容得？

手有手之道，足有足之道，耳目鼻口，有耳目鼻口之道。但此輩皆是奴婢，都聽天君使令。使之以正也順從，使之以邪也順從。渠自沒罪過，若有罪過，都是天君承當。

心一鬆散，萬事不可收拾；心一疏忽，萬事不入耳目；心一執著，萬事不得自然。

當尊嚴之地、大眾之前、震怖之景，而心動氣懾，只是涵養不定。

久視則熟字不識，注視則靜物若動，乃知蓄疑者，亂真知；過思者，迷正應。

常使天君為主、萬感為客，便好。只與他平交，已自褻其居尊之體。若跟他走去走來，被他愚弄綴哄，這是小兒童，這是真奴婢，有甚面目來靈台上坐、役使四肢百骸？可羞可笑！示兒。

不存心，看不出自家不是。只於動靜語默、接物應事時，件件想一想，便見渾身都是過失。須動合天則，然後為是。日用間，如何疏忽得一時？學者思之。

人生在天地間，無日不動念，就有個動念底道理；無日不說話，就有個說話底道理；無日不處事，就有個處事底道理；無日不接人，就有個接人底道理；無日不理物，就有個理物底道理；以至怨怒笑歌、傷悲感歎、顧盼指示、咳唾涕洟、隱微委曲、造次顛沛、疾病危亡，莫不各有道理。只是時時體認，件件講求。細行小物，尚求合則，彝倫大節，豈可逾閑？故始自垂髫，終於屬纊，持一個自強不息之心，通乎晝夜，要之於純一不已之地，忘乎死生。此還本歸全之道，戴天履地之宜。不然，恣情縱意，而各求遂其所欲，凡有知覺運動者皆然，無取於萬物之靈矣。或曰：「有要乎？」曰：「有。其要只在存心。」「心何以存？」曰：「只在主靜。只靜了，千酬萬應，都在道理上，事事不錯。」

迷人之迷，其覺也易；明人之迷，其覺也難。

心相信，則跡者土苴也，何煩語言？相疑，則跡者媒孽也，益生猜貳。故有誓心不足自明，避嫌反成自誣者，相疑之故也。是故心一而跡萬，故君子治心不修跡。中孚，治心之至也，豚魚且信，何疑之有？

君子畏天，不畏人；畏名教，不畏刑罰；畏不義，不畏不利；畏徒生，不畏捨生。

「忍」「激」二字，是禍福關。

殃咎之來，未有不始於快心者，故君子得意而憂，逢喜而懼。

一念孳孳，惟善是圖，曰正思；一念孳孳，惟欲是願，曰邪思；非分之福，期望太高，曰越思；先事徘徊，後事懊恨，曰縈思；遊心千里，岐慮百端，曰浮思；事無可疑，當斷不斷，曰惑思；事不涉己，為他人憂，曰狂思；無可奈何，當罷不罷，曰徒思；日用職業，本分工夫，朝惟暮圖，期無曠廢，曰本思。此九思者，日用之間，不在此則在彼。善攝心者，其惟本思乎？身有定業，日有定務，暮則省白晝之所行，朝則計今日之所事，念茲在茲，不肯一事苟且，不肯一時放過，庶心有著落，不得他適，而德業日有長進矣。

學者只多忻喜心，便不是凝道之器。

小人亦有坦蕩蕩處，無忌憚是已；君子亦有常戚戚處，終身之憂是已。

只脫盡輕薄心，便可達天德。漢唐以下儒者，脫盡此二字，不多人。

斯道這個擔子，海內必有人負荷。有能慨然自任者，願以綿弱筋骨，助一肩之力，雖走僵死不恨。

耳目之玩，偶當於心，得之則喜，失之則悲，此兒女子常態也。世間甚物與我相關，而以得喜、以失悲耶？聖人看得此身，亦不關悲喜，是吾道之一囊橐耳。愛囊橐之所受者，不以囊橐易所受，如之何以囊橐棄所受也？而況耳目之玩，又囊橐之外物乎？

寐是情生景，無情而景者，兆也；寤後景生情，無景而情者，妄也。

人情有當然之願，有過分之欲。聖王者，足其當然之願，而裁其過分之欲，非以相苦也。天地間欲願，只有此數，此有餘而彼不足，聖王調劑而均釐之，裁其過分者，以益其當然。夫是之謂至平，而人無淫情、無觖望。

惡惡太嚴，便是一惡；樂善甚亟，便是一善。

「投佳果於便溺，濯而獻之，食乎？」曰：「不食。」「不見而食之，病乎？」曰：「不病。」「隔山而指罵之，聞乎？」曰：「不聞。」「對面而指罵之，怒乎？」曰：「怒。」曰：「此見聞障也。夫能使見而食，聞而不怒，雖入黑海、蹈白刃，可也！此煉心者之所當知也。」

只有一毫麄疏處，便認理不真，所以說惟精，不然，眾論淆之而必疑；只有一毫二三心，便守理不定，所以說惟一，不然，利害臨之而必變。

種豆，其苗必豆；種瓜，其苗必瓜，未有所存如是而所發不如是者。心本人欲，而事欲天理，心本邪曲，而言欲正直，其將能乎？是以君子慎其所存，所存是，種種皆是；所存非，種種皆非，未有分毫爽者。

屬纊之時，般般都帶不得，惟是帶得此心。卻教壞了，是空身歸去矣，可為萬古一恨。

吾輩所欠，只是涵養不純不定。故言則矢口所發，不當事，不循物，不宜人；事則恣意所行，或太過，或不及，或悖理。若涵養得定，如熟視正鵠而後開弓，矢矢中的；細量分寸而後投針，處處中穴，此是真正體驗，實用工夫，總來只是個沉靜。沉靜了，發出來，件件都是天則。

定靜中境界，與六合一般大，裡面空空寂寂，無一個事物；才問他索時，般般足，樣樣有。

暮夜無知，此四字，百惡之總根也。人之罪莫大於欺，欺者，利其無知也。大奸大盜，皆自無知之心充之。天下大惡，只有二種：欺無知、不畏有知。欺無知，還是有所忌憚心，此是誠偽關；不畏有知，是個無所忌憚心，此是死生關。猶知有畏，良心尚未死也。

天地萬物之理，出於靜，入於靜；人心之理，發於靜，歸於靜。靜者，萬理之橐籥，萬化之樞紐也。動中發出來，與天則便不相似。故雖暴肆之人，平旦皆有良心，發於靜也；過後皆有悔心，歸於靜也。

動時只見發揮不盡，那裡覺錯？故君子主靜而慎動。主靜，則動者靜之枝葉也；慎動，則動者靜之約束也。又何過焉？

童心最是作人一大病，只脫了童心，便是大人君子。或問之，曰：「凡炎熱念、驕矜念、華美念、欲速念、浮薄念、聲名念，皆童心也。」

吾輩終日念頭離不了四個字，曰「得失毀譽」。其為善也，先動個得與譽底念頭；其不敢為惡也，先動個失與毀底念頭。總是欲心偽心，與聖人天地懸隔。聖人發出善念，如饑者之必食，渴者之必飲。其必不為不善，如烈火之不入，深淵之不投，任其自然而已。賢人念頭，只認個可否，理所當為，則自強不息；所不可為，則堅忍不行。然則得失毀譽之念可盡去乎？曰：「胡可去也！」天地間，惟中人最多，此四字者，聖賢藉以訓世，君子藉以檢身。曰「作善降之百祥，作不善降之百殃」，以得失訓世也。曰「疾沒世而名不稱」、曰「年四十而見惡」，以毀譽訓世也。此聖人待衰世之心也。彼中人者，不畏此以檢身，將何所不至哉？故堯舜能去此四字，無為而善，忘得失毀譽之心也。桀紂能去此四字，敢於為惡，不得失毀譽之恤也。

心要虛，無一點渣滓；心要實，無一毫欠缺。

只一事不留心，便有一事不得其理；一物不留心，便有一物不得其所。

只大公了，便是包涵天下氣象。

士君子作人，事事時時只要個用心。一事不從心中出，便是亂舉動；一刻心不在腔子裡，便是空軀殼。

古人也算一個人，我輩成底，是甚麼人？若不愧不奮，便是無志。

聖、狂之分，只在苟、不苟兩字。

余甚愛萬籟無聲、蕭然一室之趣。或曰：「無乃太寂滅乎？」曰：「無邊風月自在。」

無技癢心，是多大涵養！故程子見獵而癢。學者各有所癢，便當各就癢處搔之。

欲，只是有進氣無退氣；理，只是有退氣無進氣。善學者，審於進退之間而已。

聖人懸虛明以待天下之感，不先意以感天下之事。其感也，以我胸中道理順應之；其無感也，此心空空洞洞，寂然曠然。譬之鑑，光明在此，物來則照之，物去則光明自在。彼事未來而意必是持，鑑覓物也。嘗謂鏡是物之聖人，鏡日照萬物而常明，無心而不勞故也。聖人日應萬事而不累，有心而不役故也。夫惟為物役而後累心，而後應有偏著。

恕心養到極處，只看得世間人都無罪過。

物有以慢藏而失，亦有以謹藏而失者；禮有以疏忽而誤，亦有以敬畏而誤者。故用心在有無之間。

說不得真知明見，一些涵養不到，發出來便是本象，倉卒之際，自然掩護不得。

一友人沉雅從容，若溫而不理者。隨身急用之物，座客失備者三人，此友取之袖中，皆足以應之。或難以數物，呼左右，取之攜中，犁然在也。余歎服曰：「君不窮於用哉！」曰：「我無以用為也。此第二著，偶備其萬一耳。備之心，慎之心也，慎在備先。凡所以需吾備者，吾已先圖，無賴於備。故自有備以來，吾無萬一，故備常餘而不用。」或曰：「是無用備矣。」曰：「無萬一而猶備，此吾之所以為慎也。若恃備而不慎，則備也者，長吾之怠者也，久之，必窮於所備之外；恃慎而不備，是慎也者，限吾之用者也，久之，必窮於所慎之外。故寧備而不用，不可用而無備。」余歎服曰：「此存心之至者也。《易》曰：『藉之用茅，又何咎焉？』其斯之謂與？」吾識之，以為疏忽者之戒。

欲理會七尺，先理會方寸；欲理會六合，先理會一腔。

靜者生門，躁者死戶。

士君子一出口，無反悔之言；一動手，無更改之事。誠之於思，故也。

只此一念公正了，我於天地鬼神通是一個，而鬼神之有邪氣者，且跧伏退避之不暇。庶民何私何怨，而忍枉其是非、腹誹巷議者乎？

和氣平心發出來，如春風拂弱柳，細雨潤新苗，何等舒泰！何等感通！疾風迅雷，暴雨酷霜，傷損必多。或曰：「不似無骨力乎？」余曰：「譬之玉，堅剛未嘗不堅剛，溫潤未嘗不溫潤。」余嚴毅多，和平少，近悟得此。

儉則約，約則百善俱興；侈則肆，肆則百惡俱縱。

天下國家之存亡、身之生死，只係「敬」「怠」兩字。敬則慎，慎則百務脩舉；怠則苟，苟則萬事隳頹。自天子以至於庶人，莫不如此。此千古聖賢之所兢兢，而世人之所必由也。

每日點檢：要見這念頭，自德性上發出，自氣質上發出，自習識上發出，自物欲上發出。如此省察，久久自識得本來面目。初學最要知此。

道義心胸發出來，自無暴戾氣象，怒也怒得有禮。若說聖人不怒，聖人只是六情？

過差遺忘，只是昏忽，昏忽，只是不敬。若小心慎密，自無過差遺忘之病。孔子曰：「敬事。」樊遲粗鄙，告之曰：「執事敬。」子張意廣，告之曰：「無小大，無敢慢。」今人只是懶散，過差遺忘，安得不多？

吾初念只怕天知，久久來不怕天知，又久久來只求天知。但未到那何必天知地步耳。

氣盛便沒涵養。

定靜安慮，聖人胸中，無一刻不如此。或曰：「喜怒哀樂到面前，何如？」曰：「只恁喜怒哀樂，定靜安慮，胸次無分毫加損。」

憂世者與忘世者談，忘世者笑；忘世者與憂世者談，憂世者悲。嗟夫！六合骨肉之淚，肯向一室胡越之人哭哉？彼且謂我為病狂，而又安能自知其喪心哉？

「得」之一字，最壞此心。不但鄙夫患得，年老戒得為不可。只明其道而計功，有事而正心，先事而動得心，先難而動獲心，便是雜霸雜夷。一念不極其純，萬善不造其極。此作聖者之大戒也。

充一個公己公人心，便是胡越一家；任一個自私自利心，便是父子仇讎。天下興亡、國家治亂、萬姓死生，只爭這個些子。

廁牏之中，可以迎賓客；牀笫之間，可以交神明。必如此，而後謂之不苟。

為人辨冤白謗，是第一天理。

治心之學，莫妙於「瑟僩」二字。瑟訓嚴密，譬之重關天險，無隙可乘，此謂不疏，物欲自消其窺伺之心。僩訓武毅，譬之將軍按劍，見者股慄，此謂不弱，物欲自奪其猖獗之氣。而今吾輩靈臺，四無牆戶，如露地錢財，有手皆取；又孱弱無能，如殺殘俘虜，落膽從人。物欲不須投間抵隙，都是他家產業；不須硬迫柔求，都是他家奴婢，更有那個關防？何人喘息？可哭可恨！

沉靜，非緘默之謂也。意淵涵而態閒正，此謂真沉靜。雖終日言語，或千軍萬馬中相攻擊，或稠人廣眾中應繁劇，不害其為沉靜，神定故也。一有飛揚動擾之意，雖端坐終日，寂無一語，而色貌自浮。或意雖不飛揚動擾，而昏昏欲睡，皆不得謂沉靜。真沉靜底，自是惺憹，包一段全副精神在裡。

明者料人之所避，而狡者避人之所料，以此相與，是賊本真而長奸偽也。是以君子寧犯人之疑，而不賊己之心。

室中之鬥，市上之爭，彼所據各有一方也。一方之見，皆是己非人，而濟之以不相下之氣，故寧死而不平。嗚呼！此猶愚人也。賢臣之爭政，賢士之爭理，亦然。此言語之所以日多，而後來者益莫知所決擇也。故為下愚人作法吏易，為士君子所折衷難。非斷之難，而服之難也。根本處，在不見心而任口，恥屈人而好勝，是室人市兒之見也。

大利不換小義，況以小利壞大義乎？貪者可以戒矣。

殺身者不是刀劍，不是寇讐，乃是自家心殺了自家。

知識，帝則之賊也。惟忘知識以任帝則，此謂天真，此謂自然。一著念便乖違，愈著念愈乖違。乍見之心歇息一刻，別是一個光景。

為惡惟恐人知，為善惟恐人不知，這是一副甚心腸？安得長進？

或問：「虛靈二字，如何分別？」曰：「惟虛故靈。頑金無聲，鑄為鐘磬則有聲；鐘磬有聲，實之以物則無聲。聖心無所不有，而一無所有，故『感而遂通天下之故』。」

渾身五臟六腑、百脈千絡、耳目口鼻、四肢百骸、毛髮甲爪，以至衣裳冠履，都無分毫罪過，都與堯舜一般，只是一點方寸之心，千過萬罪，禽獸不如。千古聖賢只是治心，更不說別個。學者只是知得這個可恨，便有許大見識。

人心是個猖狂自在之物、隕身敗家之賊，如何縱容得他？

良知何處來？生於良心；良心何處來？生於天命。

心要實，又要虛。無物之謂虛，無妄之謂實；惟虛故實，惟實故虛。心要小，又要大。大其心，能體天下之物；小其心，不僨天下之事。

要補必須補個完，要拆必須拆個淨。

學術以不愧於心、無惡於志為第一。也要點檢這心志，是天理？是人欲？便是天理，也要點檢是邊見？是天則？

堯眉舜目、文王之身、仲尼之步，而盜跖其心，君子不貴也。有數聖賢之心，何妨貌似盜跖？

學者欲在自家心上做工夫，只在人心做工夫。

此心要常適，雖是憂勤惕勵中、困窮抑鬱際，也要有這般胸次。

不怕來濃艷，只怕去沾戀。

原不萌芽，說甚生機。

平居時，有心訒言還容易，何也？有意收斂故耳。只是當喜怒愛憎時，發當其可、無一厭人語，才見涵養。

口有慣言，身有誤動，皆不存心之故也。故君子未事前定，當事凝一。識所不逮，力所不能，雖過無愧心矣。

世之人何嘗不用心？都只將此心錯用了。故學者要知所用心，用於正而不用於邪，用於要而不用於雜，用於大而不用於小。

予嘗怒一卒，欲重治之。召之，久不至，減予怒之半。又久而後至，詬之而止。因自笑曰：「是怒也，始發而中節邪？中減而中節邪？終止而中節邪？」惟聖人之怒，初發時便恰好，終始只一個念頭不變。

世間好底分數休佔多了，我這裡消受幾何，其餘分數任世間人佔去。

京師僦宅，多擇吉數。有喪者，人多棄之曰：「能禍人。」予曰：「是人為室禍，非室能禍人也。人之死生，受於有生之初，豈室所能移？室不幸而遭當死之人，遂為人所棄耳。惟君子能自信而付死生於天則，不為往事所感矣。」

不見可欲時，人人都是君子；一見可欲，不是滑了腳跟，便是擺動念頭。老子曰：「不見可欲，使心不亂。」此是閉目塞耳之學。一入耳目來，便了不得。今欲與諸君在可欲上做工夫，淫聲美色滿前，但如鑒照物，見在妍媸，不侵鏡光；過去妍媸，不留鏡裡，何嫌於坐懷？何事於閉門？推之可怖、可驚、可怒、可惑、可憂、可恨之事，無不皆然。到此才是工夫，才見手段。把持則為賢者，兩忘則為聖人。予嘗有詩云：「百尺竿頭著腳，千層浪裡翻身。個中如履平地，此是誰何道人。」

一里人事專利己，屢為訓說不從。後每每作善事，好施貧救難，予喜之，稱曰：「君近日作事，每每在天理上留心，何所感悟而然？」曰：「近日讀司馬溫公語，有云：『不如積陰德於冥冥之中，以為子孫長久之計。』」予笑曰：「君依舊是利心，子孫安得受福？」

小人終日苦心，無甚受用處。即欲趨利，又欲貪名；即欲掩惡，又欲詐善。虛文浮禮，惟恐其疏略；消沮閉藏，惟恐其敗露。又患得患失，只是求富求貴；畏首畏尾，只是怕事怕人。要之溫飽之外，也只與人一般，何苦自令天君無一息寧泰處？

滿面目都是富貴，此是市井小兒，不堪入有道門墻，徒令人嘔吐而為之羞耳。若見得大時，舜禹有天下而不與。

讀書人只是個氣高，欲人尊己；志卑，欲人利己，便是至愚極陋。只看四書六經千言萬語教人是如此不是？士之所以可尊可貴者，以有道也。這般見識，有什麼可尊貴處？小子戒之。

第一受用，胸中乾淨；第二受用，外來不動；第三受用，合家沒病；第四受用，與物無競。

欣喜歡愛處，便藏煩惱機關，乃知雅淡者，百祥之本；怠惰放肆時，都是私欲世界，始信懶散者，萬惡之宗。

求道學真傳，且高閣百氏諸儒，先看孔孟以前胸次；問治平要旨，只遠宗三皇五帝，淨洗漢唐而下心腸。

看得真幻景，即身不吾有何傷？況把世情嬰肺腑；信得過此心，雖天莫我知奚病？那教流語惱胸腸。

善根中才發萌蘖，即著意栽培，須教千枝萬葉；惡源處略有涓流，便極力壅塞，莫令暗長潛滋。

處世莫驚毀譽，只我是，無我非，任人短長；立身休問吉凶，但為善，不為惡，憑天禍福。

念念可與天知，盡其在我；事事不執己見，樂取諸人。

淺狹一心，到處便招尤悔；因循兩字，從來誤盡英雄。

齋戒神明其德，洗心退藏於密。

常將半夜縈千歲，只恐一朝便百年。

試心石上即平地，沒足池中有隱潭。

心無一事累，物有十分春。
神明七尺體，天地一腔心。
終有歸來日，不知到幾時。
吾心原止水，世態任浮雲。

倫理

宇宙內大情種，男女居其第一。聖王不欲裁割而矯拂之，亦不能裁割矯拂也。故通之以不可已之情，約之以不可犯之禮，繩之以必不赦之法，使縱之而相安相久也。聖人亦不若是之亟也，故五倫中父子、君臣、兄弟、朋友，篤了又篤，厚了又厚，惟恐情意之薄。惟男女一倫，是聖人苦心處，故有別先自夫婦始。本與之以無別也，而又教之以有別，況有別者而肯使之混乎？聖人之用意深矣！是死生之衢，而大亂之首也，不可以不慎也。

親母之愛子也，無心於用愛，亦不知其為用愛，若渴飲饑食然，何嘗勉強？子之得愛於親母也，若謂應得，習於自然，如夏葛冬裘然，何嘗歸功？至於繼母之慈，則有德色，有矜語矣。前子之得慈於繼母，則有感心，有頌聲矣。

一家之中，要看得尊長尊，則家治。若看得尊長不尊，如何齊他得？其要在尊長自脩。

人子之事親也，事心為上，事身次之；最下，事身而不恤其心；又其下，事之以文，而不恤其身。

孝子之事親也，禮卑伏如下僕，情柔婉如小兒。

進食於親，侑而不勸；進言於親，論而不諫；進侍於親，和而不莊。親有疾，憂而不悲；身有疾，形而不聲。

侍疾，憂而不食，不如努力而加餐。使此身不能侍疾，不孝之大者也；居喪，羸而廢禮，不如節哀而慎終，此身不能襄事，不孝之大者也。

朝廷之上，紀綱定而臣民可守，是曰朝常；公卿大夫、百司庶官，各有定法，可使持循，是曰官常；一門之內，父子兄弟、長幼尊卑，各有條理，不變不亂，是曰家常；飲食起居、動靜語默，擇其中正者，守而勿失，是曰身常。得其常則治，失其常則亂，未有苟且冥行，而不取敗者也。

雨澤過潤，萬物之災也；恩寵過禮，臣妾之災也；情愛過義，子孫之災也。

人心喜則志意暢達，飲食多進而不傷，血氣沖和而不鬱，自然無病，而體充身健，安得不壽？故孝子之於親也，終日乾乾，惟恐有一毫不快事到父母心頭。自家既不惹起，外觸又極防閑，無論貧富、貴賤、常變、順逆，只是以悅親為主。蓋悅之一字，乃事親第一傳心口訣也。即不幸而親有過，亦須在悅字上用工夫。幾諫積誠，耐煩留意，委曲方略，自有回天妙用。若直諍以甚其過，暴棄以增其怒，不悅莫大焉。故曰：「不順乎親，不可以為子。」

郊社，報天地生成之大德也，然災沴有禳，順成有祈，君為私田則仁，民為公田則忠，不嫌於求福，不嫌於免禍。子孫之祭先祖，以追養繼孝也，自我祖父母，以有此身也，曰：「賴先人之澤，以享其餘慶也。」曰：「吾朝夕奉養承歡，而一旦不復獻杯棬，心悲思而無寄，故祭薦以伸吾情也。」曰：「吾貧賤不足以供菽水，今鼎食而親不逮，心悲思而莫及，故祭薦以志吾悔也。豈為其遊魂虛位能福我而求之哉？」求福已非君子之心，而以一飯之設，數拜之勤，求福於先人，仁孝誠敬之心，果如是乎？不謀利，不責報，不望其感激，雖在他人猶然，而況我先人乎？《詩》之祭必言福，而〈楚茨〉諸詩為尤甚，豈可為訓耶？吾獨有取於〈采蘩〉、〈采蘋〉二詩，盡物盡志，以達吾子孫之誠敬而已，他不及也。明乎此道，則天下萬事萬物，皆盡我所當為，禍福利害，皆聽其自至，人事脩而外慕之心息，向道專而作輟之念忘矣。何者？明於性分，而無所冀倖也。

友道極關係，故與君父並列而為五。人生德業成就，少朋友不得。君以法行，治我者也。父以恩行，不責善者也。兄弟怡怡，不欲以切偲傷愛。婦人主內事，不得相追隨規過，子雖敢爭，終有可避之嫌。至於對嚴師，則矜持收斂，而過無可見。在家庭，則狎昵親習，而正言不入。惟夫朋友者，朝夕相與，既不若師之進見有時，情禮無嫌，又不若父子兄弟之言語有忌。一德虧則友責之；一業廢則友責之。美則相與獎勸，非則相與匡救，日更月變，互感交摩，駸駸然不覺其勞且難，而入於君子之域矣。是朋友者，四倫之所賴也。嗟夫！斯道之亡久矣。言語嬉媟，樽俎嫗煦，無論事之善惡，以順我者為厚交；無論人之奸賢，以敬我者為君子。躡足附耳，自謂知心；接膝拍肩，濫許刎頸。大家同陷於小人而不知，可哀也已！是故，物相反者相成，見相左者相益。孔子取友，曰：「直」、「諒」、「多聞」，此三友者，皆與我不相附會者也，故曰益。是故，得三友難，能為人三友更難。天地間，不論天南地北、縉紳草莽，得一好友，道同志合，亦人生一大快也。

長者有議論，唯唯而聽，無相直也；有諮詢，謇謇而對，無遽盡也。此卑幼之道也。

陽稱其善，以悅彼之心，陰養其惡，以快己之意，此友道之大戮也。青天白日之下，有此魑魅魍魎之俗，可哀也已！

古稱「君門遠於萬里」，謂情隔也。豈惟君門？父子殊心，一堂遠於萬里；兄弟離情，一門遠於萬里；夫妻反目，一榻遠於萬里。苟情聯志通，則萬里之外，猶同堂共門，而比肩一榻也。以此推之，同時不相知，而神交於千百世之上下亦然。是知離合在心期，不專在躬逢。躬逢而心期，則天下至遇也：君臣之堯舜、父子之文周、師弟之孔顏。

「隔」之一字，人情之大患。故君臣、父子、夫婦、朋友、上下之交，務去隔，此字不去而不怨叛者，未之有也。

仁者之家：父子愉愉如也、夫婦雝雝如也、兄弟怡怡如也、僮僕訢訢如也、一家之氣象融融如也。義者之家：父子凜凜如也、夫婦嗃嗃如也、兄弟翼翼如也、僮僕肅肅如也、一家之氣象慄慄如也。仁者以恩勝，其流也知和而和；義者以嚴勝，其流也疏而寡恩。故聖人之居家也，仁以主之，義以輔之，洽其太和之情，但不潰其防，斯已矣。其井井然嚴城深塹，則男女之辨也！雖聖人不敢與家人相忘。

父在居母喪，母在居父喪，以從生者之命為重。故孝子不以死者憂生者，不以小節傷大體，不泥經而廢權，不徇名而害實，不全我而傷親。所貴乎孝子者，心親之心而已。

天下不可一日無君，故夷、齊非湯、武，明臣道也。此天下之大妨也！不然，則亂臣賊子接踵矣，而難為君。天下不可一日無民，故孔、孟是湯、武，明君道也。此天下之大懼也！不然，則暴君亂主接踵矣，而難為民。

爵祿恩寵，聖人未嘗不以為榮，聖人非以此為加損也。朝廷重之以示勸，而我輕之以示高，是與君忤也，是窮君鼓舞天下之權也。故聖人雖不以爵祿恩寵為榮，而未嘗不榮之以重帝王之權，以示天下帝王之權之可重，此臣道也。

人子和氣、愉色、婉容，發得深時，養得定時，任父母冷面寒鐵，雷霆震怒，只是這一腔溫意、一面春風，則自無不回之天，自無屢變之天，讒譖何由入？嫌隙何由作？其次莫如敬慎，夔夔齋栗，敬慎之至也，故瞽瞍亦允若。溫和示人以可愛，消融父母之惡怒；敬慎示人以可矜，激發父母之悲憐。所謂積誠意以感動之者，養和致敬之謂也。蓋格親之功，惟和為妙、為深、為速、為難，非至性純孝者不能。敬慎猶可勉強耳。而今人子以涼薄之色、惰慢之身、驕蹇之性，及犯父母之怒，既不肯挽回，又倨傲以甚之，此其人在孝弟之外，固不足論。即有平日溫愉之子，當父母不悅，而亦慍見，或生疑而遷怒者；或無意遷怒，而不避嫌者；或不善避嫌，愈避而愈冒嫌者，積隙成釁，遂致不祥。豈父母之不慈？此孤臣孽子之法戒，堅志熟仁之妙道也。

孝子之事親也，上焉者先意，其次承志，其次共命。共命，則親有未言之志，不得承也；承志，則親有未萌之意，不得將也；至於先意，而悅親之道至矣。或曰：「安得許多心思能推至此乎？」曰：「事親者，以悅親為事者也。以悅親為事，則孳孳皇皇無以尚之者，只是這個念頭，親有多少意志，終日體認不得？」

或問：「共事一人，未有不妒者，何也？」曰：「人之才能、性行、容貌、辭色，種種不同，所事者，必悅其能事我者，惡其不能事我者。能事者見悅，則不能事者必疏。是我之見疏，彼之能事成之也，焉得不妒？既妒，安得不相傾？相傾，安得不受禍？故見疏者妒，妒其形己也；見悅者亦妒，妒其妒己也。」「然則奈何？」曰：「居寵，則思分而推之以均眾；居尊，則思和而下之以相忘，人何妒之有？緣分以安心，緣遇以安命，反己而不尤人，何妒人之有？此入宮入朝者之所當知也。」

孝子侍親，不可有沉靜態，不可有莊肅態，不可有枯淡態，不可有豪雄態，不可有勞倦態，不可有病疾態，不可有愁苦態，不可有怨怒態。

子弟生富貴家，十九多驕惰淫泆，大不長進。古人謂之豢養，言甘食美服養此血肉之軀，與犬豕等。此輩闒茸，士君子見之為羞，而彼方且志得意滿，以此誇人。父兄之孽，莫大乎是！

男女遠別，雖父女、母子、兄妹、姊弟，亦有別嫌明微之禮，故男女八歲不同食。子婦事舅姑，禮也，本不遠別，而世俗最嚴翁婦之禮，影響間，即疾趨而藏匿之；其次夫兄弟婦相避。此外，一無所避，已亂綱常。乃至叔嫂、姊夫、妻妹、妻弟之妻互相嘲謔以為常，不幾於夷風乎？不知，古者遠別，止於授受不親，非避匿之謂。而男女所包甚廣，自妻妾外，皆當遠授受之嫌。愛禮者，不可不明辨也！

子、婦事人者也，未為父兄以前，莫令奴婢奉事，長其驕惰之情。當日使勤勞，常令卑屈，此終身之福。不然，是殺之也。昏愚父母、驕奢子弟，不可不知。

問安，問侍者，不問病者，問病者，非所以安之也。

喪服之制，以緣人情，亦以立世教。故有引而致之者，有推而遠之者，要不出恩、義兩字，而不可曉亦多。達觀會通之君子，當制作之權，必有一番見識。泥古，非達觀也。

親沒而遺物在眼，與其不忍見而毀之也，不若不忍忘而存之。

示兒云：「門戶高一尺，氣燄低一丈。華山只讓天，不怕沒人上。」

慎言之地，惟家庭為要；應慎言之人，惟妻子、僕隸為要。此理亂之原，而禍福之本也。人往往忽之，悲夫！

門戶可以托父兄，而喪德辱名，非父兄所能庇；生育可以由父母，而求疾蹈險，非父母所得由。為人子弟者，不可不知。

繼母之虐，嫡妻之妒，古今以為恨者也；而前子不孝，丈夫不端，則捨然不問焉。世情之偏也，久矣！懷非母之跡，而因似生嫌，借恃父之名，而無端造謗，怨讟忤逆，父亦被誣者，世豈無耶？恣淫狎之性，而恩重綠絲，挾城社之威，而侮及黃裡，〈谷風〉、〈栢舟〉，妻亦失所者，世豈無耶？惟子孝夫端，然後繼母嫡妻，無辭於姻族矣！居官不可不知。

齊以刀切物，使參差者就於一致也。家人恩勝之地，情多而義少，私易而公難，若人人遂其欲，勢將無極。故古人以父母為嚴君，而家法要威如，蓋對症之治也。

閨門之中，少了個禮字，便自天翻地覆。百禍千殃，身亡家破，皆從此起。

家長，一家之君也。上焉者使人歡愛而敬重之，次則使人有所嚴憚，故曰嚴君。下則使人慢，下則使人陵，最下則使人恨。使人慢，未有不亂者；使人陵，未有不敗者；使人恨，未有不亡者。嗚呼！齊家豈小故哉？今之人皆以治生為急，而齊家之道不講久矣！

兒女輩，常著他拳拳曲曲，緊緊恰恰，動必有畏，言必有驚，到自專時，尚不可知。若使之快意適情，是殺之也。此愚父母之所當知也。

責人到閉口捲舌、面赤背汗時，猶刺刺不已，豈不快心？然淺隘刻薄甚矣！故君子攻人，不盡其過，須含蓄以餘人之愧懼，令其自新，方有趣味，是謂以善養人。

曲木惡繩，頑石惡攻，責善之言，不可不慎也。

恩禮出於人情之自然，不可強致。然禮係體面，猶可責人；恩出於根心，反以責而失之矣。故恩薄可結之使厚，恩離可結之使固，一相責望，為怨滋深。古父子、兄弟、夫婦之間，使骨肉為寇讎，皆坐責之一字耳。

宋儒云：「宗法明而家道正。」豈惟家道？將天下之治亂，恒必由之。宇宙內，無有一物不相貫屬、不相統攝者。人以一身統四肢，一肢統五指。木以株統榦，以榦統枝，以枝統葉。百穀以莖統穗，以穗統樽，以樽統粒。蓋同根一脈，聯屬成體。此操一舉萬之術，而治天下之要道也。天子統六卿，六卿統九牧，九牧統郡邑，郡邑統鄉正，鄉正統宗子。事則以次責成，恩則以次流布，教則以次傳宣，法則以次繩督，夫然後上不勞，下不亂，而政易行。自宗法廢而人各為身，家各為政，彼此如飄絮飛沙，不相維繫，是以上勞而無要領可持，下散而無脈胳相貫，奸盜易生而難知，教化易格而難達。故宗法立而百善興，宗法廢而萬事弛。或曰：「宗子而賤、而弱、而幼、而不肖，何以統宗？」曰：「古之宗法也，如封建，世世以嫡長。嫡長不得其人，則一宗受其敝，且豪強得以豚鼠視宗子，而魚肉孤弱。其誰制之？蓋有宗子，又當立家長，宗子以世世長子孫為之；家長以闔族之有德望，而眾所推服能佐宗子者為之，胥重其權，而互救其失。此二者，宗人一委聽焉，則有司有所責成，而紀法易於修舉矣。」

責善之道，不使其有我所無，不使其無我所有，此古人之所以貴友也。

「母氏聖善，我無令人」，孝子不可不知。「臣罪當誅兮，天王聖明」，忠臣不可不知。

士大夫以上，有祠堂、有正寢、有客位。祠堂，有齋房、神庫，四世之祖考居焉，先世之遺物藏焉，子孫立拜之位在焉，犧牲、鼎俎、盥尊之器物陳焉，堂上堂下之樂列焉，主人之周旋升降由焉。正寢，吉禮則生忌之考妣遷焉，凶禮則屍柩停焉，柩前之食案、香几、衣冠設焉，朝夕哭奠之位容焉，柩旁牀帳諸器之陳設、五服之喪次，男女之哭位分焉，堂外弔奠之客、祭器之羅列在焉。客位，則將葬之遷柩宿焉，冠禮之曲折、男女之醮位、賓客之宴饗行焉。此三所者，皆有兩階，皆有位次。故居室寧陋，而四禮之所，斷乎其不可陋。近見名公，有以旋馬容膝、繩樞甕牖為清節高品者，余甚慕之，而愛禮一念，甚於愛名。故力可勉為，不嫌弘裕，敢為大夫以上者告焉。

守禮不足愧，抗於禮乃可愧也。禮當下則下，何愧之有？

家人之害，莫大於卑幼各恣其無厭之情，而上之人阿其意而不之禁，猶莫大於婢子造言，而婦人悅之，婦人附會，而丈夫信之。禁此二害，而家不和睦者鮮矣。

只拿定一個是字做，便是「建諸天地而不悖，質諸鬼神而無疑」底道理，更問甚占卜，信甚星命！或曰：「趨吉避凶，保身之道。」曰：「君父在難，正臣子死忠死孝之時，而趨吉避凶可乎？」或曰：「智者明義理、識時勢，君無乃專明於義理乎？」曰：「有可奈何時，正須審時因勢，時勢亦求之識見中，豈於讖緯陰陽家求之邪？」或曰：「氣數自然，亦強作不成。」曰：「君子所安者義命，故以氣數從義理，不以義理從氣數。富貴利達則付之天，進退行藏則決之己。」或曰：「到無奈何時何如？」曰：「這也看道理，病在膏肓，望之而走，扁鵲之道當如是也。若屬纊頃刻，萬無一生，偶得良方，猶然忙走灌藥，孝子慈孫之道當如是也。」

謹言不但外面，雖家庭間，沒個該說的話；不但大賓，雖親厚友，沒個該任口底話。

談道

大道有一條正路，進道有一定等級。聖人教人，只示以一定之成法，在人自理會；理會得一步，再說與一步，其第一步不理會到十分，也不說與第二步。非是苦人，等級原是如此。第一步差一寸，也到第二步不得。孔子於賜，才說與他「一貫」，又先難他「多學而識」一語。至於仁者之事，又說：「賜也，非爾所及。」今人開口便講學脈，便說本體，以此接引後學，何似癡人前說夢？孔門無此教法。

有處常之五常，有處變之五常。處常之五常是經，人所共知；處變之五常是權，非識道者不能知也。「不擒二毛」不以仁稱，而血流漂杵，不害其為仁；「二子乘舟」不以義稱，而管、霍被戮，不害其為義。由此推之，不可勝數也。嗟夫！世無有識者，每泥於常，而不通其變；世無識有識者，每責其經，而不諒其權。此兩人皆道之賊也，事之所以難濟也。噫！非精義擇中之君子，其誰能用之？其誰能識之？

談道者，雖極精切，須向苦心人說，可使手舞足蹈，可使大叫垂泣。何者？以求通未得之心，聞了然透徹之語，如饑得珍饈，如旱得霖雨。相悅以解，妙不容言。其不然者，如痲木之肌，針灸終日，尚不能覺，而以爪搔之，安知痛癢哉？吾竊為言者惜也。故大道獨契，至理不言，非聖賢之忍於棄人，徒曉曉無益耳。是以聖人待問而後言，猶因人而就事。

廟堂之樂，淡之至也，淡則無欲，無欲之道，與神明通；素之至也，素則無文，無文之妙，與本始通。

真器不修，修者偽物也；真情不飾，飾者偽交也。家人父子之間，不讓而登堂，非簡也；不侑而飽食，非饕也，所謂真也。惟待讓而入，而後有讓亦不入者矣；惟待侑而飽，而後有侑亦不飽者矣，是兩修文也。廢文不可為禮，文至掩真，禮之賊也，君子不尚焉。

百姓得所，是人君太平；君民安業，是人臣太平；五穀豐登，是百姓太平；大小和順，是一家太平；父母無疾，是人子太平；胸中無累，是一腔太平。

至道之妙，不可意思，如何可言？可以言，皆道之淺也。玄之又玄，猶龍公亦說不破，蓋公亦囿於玄玄之中耳。要說，說個甚然？卻只在匹夫匹婦共知共行之中，外了這個，便是虛無。

除了個中字，更定道統不得。傍流之至聖，不如正路之賢人，故道統寧中絕，不以傍流繼嗣。何者？氣脈不同也。予嘗曰：「寧為道統家奴婢，不為傍流家宗子。」

或問：「聖人有可克之己否？」曰：「惟堯、舜、文王、周、孔，無己可克，其餘聖人都有己。任是伊尹底己，和是柳下惠底己，清是伯夷底己，志向偏於那一邊便是己。己者，我也，不能忘我而任意見也，狃於氣質之偏而離中也。這己便是人欲，勝不得這己，都不成個剛者。」

自然者，發之不可遏，禁之不能止，才說是當然，便沒氣力。然反之之聖，都在當然上做工夫，所以說勉然。勉然做到底，知之成功，雖一分數境界，到那難題試驗處，終是微有不同，此難以形跡語也。

堯舜周孔之道，只是傍人情、依物理，拈出個天然自有之中行將去，不驚人，不苦人，所以難及。後來人勝他不得，卻尋出甚高難行之事，玄冥隱僻之言，怪異新奇、偏曲幻妄以求勝，不知聖人妙處，只是個庸常。看《六經》、《四書》語言何等平易，不害其為聖人之筆，亦未嘗有不明不備之道。嗟夫！賢智者過之，佛、老、楊、墨、莊、列、申、韓是已。彼其意見，才是聖人中萬分之一，而漫衍閎肆，以至偏重而賊道，後學無識，遂至棄菽粟而餐玉屑、厭布帛而慕火浣，無補饑寒，反生奇病。悲夫！

「中」之一字，是無天於上，無地於下，無東西南北於四方。此是南面獨尊道中底天子，仁義禮智信，都是東西侍立，百行萬善，都是北面受成者也。不意宇宙間有此一妙字，有了這一個，別個都可勾銷，五常、百行、萬善，但少了這個，都是一家貨，更成甚麼道理？

愚不肖者，不能任道，亦不能賊道，賊道全是賢智。後世無識之人，不察道之本然面目，示天下以大中至正之矩，而但以賢智者為標的。世間有了賢智，便看底中道尋常，無以過人，不起名譽，遂薄中道而不為。道之壞也，不獨賢智者之罪，而惟崇賢智，其罪亦不小矣。《中庸》為賢智而作也，中足矣，又下個庸字，旨深哉！此難與曲局之士道。

道者，天下古今共公之理，人人都有分底。道不自私，聖人不私道，而儒者每私之。曰「聖人之道」，言必循經，事必稽古，曰「衛道」。嗟夫！此千古之大防也，誰敢決之？然道無津涯，非聖人之言所能限；事有時勢，非聖人之制所能盡。後世苟有明者出，發聖人所未發，而默契聖人欲言之心，為聖人所未為，而吻合聖人必為之事，此固聖人之深幸，而拘儒之所大駭也。嗚呼！此可與通者道，漢唐以來鮮若人矣。

《易》道，渾身都是，滿眼都是，盈六合都是。三百八十四爻，聖人特拈起三百八十四事來做題目，使千聖作《易》，人人另有三百八十四說，都外不了那陰陽道理。後之學者，求易於《易》，穿鑿附會以求通，不知易是個活底，學者看做死底；易是個無方體底，學者看做有定象底。故論簡要，乾坤二卦已多了；論窮盡，雖萬卷書說不盡。《易》的道理，何止三百八十四爻？

「中」之一字，不但道理當然，雖氣數離了中，亦成不得。寒暑災祥失中，則萬物殃；飲食起居失中，則一身病。故四時各順其序，五臟各得其職，此之謂中。差分毫便有分毫驗應，是以聖人執中，以立天地萬物之極。

學者只看得世上萬事萬物，種種是道，此心才覺暢然。

在舉世塵俗中，另識一種意味，又不輕與鮮能知味者嘗，才是真趣。守此便是至寶。

五色勝則相掩，然必厚益之，猶不能渾然無跡，惟黑一染不可辨矣。故黑者，萬事之府也，斂藏之道也。帝王之道黑，故能容保無疆；聖人之心黑，故能容會萬理。蓋含英采、韜精明、養元氣、蓄天機，皆黑之道也，故曰「惟玄催默」。玄，黑色也；默，黑象也。《書》稱舜曰「玄德升聞」，《老子》曰「知其白，守其黑」，得黑之精者也。故外著而不可掩，皆道之淺者也。雖然，儒道內黑而外白，黑為體，白為用；老氏內白而外黑，白安身，黑善世。

道在天地間，不限於取數之多，心力勤者得多，心力衰者得少，昏弱者一無所得。假使天下皆聖人，道亦足以供其求；苟皆為盜跖，道之本體自在也，分毫無損。畢竟是世有聖人，道斯有主；道附聖人，道斯有用。

漢唐而下，議論駁而至理雜，吾師宋儒。宋儒求以明道，而多穿鑿附會之談，失平正通達之旨，吾師先聖之言。先聖之言，煨於秦火、雜於百家，莠苗朱紫，使後學尊信之，而不敢異同，吾師道。苟協諸道而協，則千聖萬世無不吻合，何則？道無二也。

或問：「中之道，堯舜傳心，必有至玄至妙之理？」余歎曰：「只就我兩人眼前說。這飲酒，不為限量，不至過醉，這就是飲酒之中；這說話，不緘默，不狂誕，這就是說話之中；這作揖跪拜，不煩、不疏，不疾、不徐，這就是作揖跪拜之中。一事得中，就是一事底堯舜，推之萬事皆然。又到那安行處，便是十全底堯舜。」

形神一息不相離，道器一息不相無，故道無精粗，言精粗者，妄也。因與一客共酌，指案上羅列者，謂之曰：「這安排必有停妥處，是天然自有底道理；那僮僕見一豆上案，將滿案樽俎東移西動，莫知措手，那知底入眼便有定位，未來便有安排。新者近前，舊者退後，飲食居左，匙箸居右，重積不相掩，參錯不相亂，佈置得宜，楚楚齊齊，這個是粗底。若說神化性命不在此，卻在何處？若說這裡有神化性命，這個工夫還欠缺否？推之耕耘簸揚之夫、炊爨烹調之婦，莫不有神化性命之理，都能到神化性命之極。學者把神化性命看得太玄，把日用事物看得太粗，原不曾理會。理會得來，這案上羅列得，天下古今萬事萬物都在這裡，橫豎推行、撲頭蓋面、腳踏身坐底都是神化性命，乃知神化性命極粗淺底。」

有大一貫，有小一貫。小一貫，貫萬殊；大一貫，貫小一貫。大一貫一，小一貫千百。無大一貫，則小一貫終是零星；無小一貫，則大一貫終是渾沌。

靜中看天地萬物，都無些子。

一門人向予數四窮問無極、太極及理氣同異、性命精粗、性善是否。予曰：「此等語，予亦能剿先儒之成說，及一己之謬見以相發明，然非汝今日急務。假若了悟性命，洞達天人，也只於性理書上添了『某氏曰』一段言語，講學衙門中多了一宗卷案。後世窮理之人，信彼駁此，服此闢彼，百世後汗牛充棟，都是這樁話說，不知於國家之存亡、萬姓之生死、身心之邪正，見在得濟否？我只有個粗法子，汝只把存心制行、處事接物、齊家治國平天下，大本小節，都事事心下信得過了，再講這話不遲。」曰：「理氣、性命，終身不可談耶？」曰：「這便是理氣、性命顯設處，除了撒數沒總數。」

陽為客，陰為主；動為客，靜為主；有為客，無為主；萬為客，一為主。

理路直截，欲路多岐；理路光明，欲路微曖；理路爽暢，欲路懊煩；理路逸樂，欲路憂勞。

無萬，則一何處著落？無一，則萬誰為張主？此二字一時離不得。一只在萬中走，故有正一，無邪萬；有治一，無亂萬；有中一，無偏萬；有活一，無死萬。

天下之大防五，不可一毫潰也，一潰則決裂不可收拾。宇內之大防，上下名分是已；境外之大防，夷夏出入是已；一家之大防，男女嫌微是已；一身之大防，理欲消長是已；萬世之大防，道脈純雜是已。

儒者之末流，與異端之末流何異？似不可以相誚也。故明於醫，可以攻病人之標本；精於儒，可以中邪說之膏肓。闢邪不得其情，則邪愈肆；攻病不對其症，則病愈劇。何者？授之以話柄，而借之以反攻，自救之策也。

人皆知異端之害道，而不知儒者之言亦害道也。見理不明，似是而非，或騁浮詞以亂真，或執偏見以奪正，或狃目前而昧萬世之常經，或徇小道而潰天下之大防，而其聞望又足以行其學術，為天下後世人心害，良亦不細。是故，有異端之異端，有吾儒之異端。異端之異端，真非也，其害小；吾儒之異端似是也，其害大。有衛道之心者，如之何而不辨哉？

天下事，皆實理所為，未有無實理而有事物者也。幻家者流，無實用，而以形惑人，嗚呼！不窺其實，而眩於形以求理，愚矣。

公卿爭議於朝，曰天子有命，則屏然不敢屈直矣；師儒相辯於學，曰孔於有言，則寂然不敢異同矣。故天地間，惟理與勢為最尊，雖然，理又尊之尊也。廟堂之上言理，則天子不得以勢相奪，即相奪焉，而理則常伸於天下萬世。故勢者，帝王之權也；理者，聖人之權也。帝王無聖人之理，則其權有時而屈。然則理也者，又勢之所恃以為存亡者也。以莫大之權無僭竊之禁，此儒者之所不辭而敢於任斯道之南面也。

陽道生，陰道養。故向陽者先發，向陰者後枯。

正學不明，聰明才辯之士，各枝葉其一隅之見，以成一家之說，而道始千岐百徑矣。豈無各得？終是偏術。到孔門，只如枉木著繩，一毫邪氣不得。

禪家有理障之說。愚謂：理無障，畢竟是識障。無意識，心何障之有？

道莫要於損己，學莫急於矯偏。

七情總是個欲，只得其正了，都是天理；五性總是個仁，只不仁了，都是人欲。

萬籟之聲，皆自然也。自然，皆真也。物各自鳴其真，何天何人？何今何古？《六經》，籟道者也，統一聖真，而漢宋以來，胥執一響以吹之，而曰是外無聲矣。觀俳謔者，萬人粲然皆笑，聲不同也而樂同。人各笑其所樂，何清濁、高下、妍媸之足云？故見各鳴其自得。語不詭於《六經》，皆吾道之眾響也，不必言言同、事事同矣。

氣者，形之精華；形者，氣之渣滓。故形中有氣，無氣則形不生；氣中無形，有形則氣不載。故有無形之氣，無無氣之形。星隕為石者，先感於形也。

天地萬物，只到和平處，無一些不好，何等暢快！

莊、列見得道理原著不得人為，故一向不盡人事。不知一任自然，成甚世界？聖人明知自然，卻把自然閣起，只說個當然，聽那個自然。

私恩煦感，仁之賊也；直往輕擔，義之賊也；足恭偽態，禮之賊也；苛察岐疑，智之賊也；苟約固守，信之賊也。此五賊者，破道亂正，聖門斥之。後世儒者，往往稱之以訓世，無識也與！

道有二然，舉世皆顛倒之。有個當然是屬人底，不問吉凶禍福，要向前做去；有個自然是屬天底，任你躑躅咆哮，自勉強不來。舉世昏迷，專在自然上錯用工夫，是謂替天忙，徒勞無益。卻將當然底全不著意，是謂棄人道，成個甚人？聖賢看著自然可得底，果於當然有礙，定不肯受，況未必得乎？只把二「然」字看得真，守得定，有多少受用處！

氣用形，形盡而氣不盡；火用薪，薪盡而火不盡。故天地惟無能用有，五行惟火為氣，其四者皆形也。

氣盛便不見涵養。浩然之氣，雖充塞天地間，其實本體間定冉冉，口鼻中，不足以呼吸。

有天欲，有人欲。吟風弄月，傍花隨柳，此天欲也。聲色貨利，此人欲也。天欲不可無，無則禪；人欲不可有，有則穢。天欲即好底人欲，人欲即不好底天欲。

朱子云：「不求人知，而求天知。」為初學言也。君子為善，只為性中當如此，或此心過不去。天知、地知、人知、我知，渾是不求底。有一求心，便是偽，求而不得，此念定是衰歇。

以吾身為內，則吾身之外，皆外物也。故富貴利達，可生可榮，苟非道焉，而君子不居。以吾心為內，則吾身亦外物也。故貧賤憂慼，可辱可殺，苟道焉，而君子不辭。

或問敬之道。曰：「外面整齊嚴肅，內面齊莊中正，是靜時涵養底敬。讀書則心在於所讀，治事則心在於所治，是主一無適底敬。出門如見大賓，使民如承大祭，是隨事小心底敬。」或曰：「若笑談、歌詠、宴息、造次之時，恐如是則矜持不泰然矣。」曰：「敬以端嚴為體，以虛活為用，以不離於正為主。齋日衣冠而寢，夢寐乎所祭者也。不齊之寢，則解衣脫冕矣，未有釋衣冕而持敬也。然而心不流於邪僻，事不詭於道義，則不害其為敬矣。君若專去端嚴上求敬，則荷鋤負畚、執轡御車、鄙事賤役，古聖賢皆為之矣，豈能日日手容恭、足容重耶？又若孔子曲肱指掌，及居不容，點之浴沂，何害其為敬耶？大端心與正依，事與道合，雖不拘拘於端嚴，不害其為敬。苟心遊千里、意逐百欲，而此身卻兀然端嚴在此，這是敬否？譬如謹避深藏，秉燭鳴珮，緩步輕聲，女教《內則》原是如此，所以養貞信也。若饁婦汲妻及當顛沛奔走之際，自是迴避不得，然而貞信之守與深藏謹避者同，是何害其為女教哉？是故敬不擇人，敬不擇事，敬不擇時，敬不擇地，只要個心與正依，事與道合。」

先難後獲，此是立德立功第一個張主。若認得先難是了，只一向持循去，任千毀萬謗也莫動心，年如是，月如是，竟無效驗，也只如是，久則自無不獲之理。故工夫循序以進之，效驗從容以俟之，若欲速，便是揠苗者，自是欲速不來。

造化之精，性天之妙，惟靜觀者知之，惟靜養者契之，難與紛擾者道。故止水見星月，才動便光芒錯雜矣。悲夫！紛擾者昏昏以終身，而一無所見也。

滿腔子是惻隱之心，滿六合是運惻隱之心處。君子於六合飛潛動植、纖細毫末之物，見其得所，則油然而喜，與自家得所一般；見其失所，則閔然而戚，與自家失所一般。位育念頭，如何一刻放得下？

萬物生於性，死於情。故上智去情，君子正情，眾人任情，小人肆情。夫知情之能死人也，則當遊心於淡泊無味之鄉，而於世之所欣戚趨避，漠然不以嬰其慮，則身苦而心樂，感殊而應一。其所不能逃者，與天下同；其所了然獨得者，與天下異。

此身要與世融液，不見有萬物形跡、六合界限，此之謂化。然中間卻不模糊，自有各正底道理，此之謂精。

人一生不聞道，真是可憐！

「己欲立而立人，己欲達而達人」，便是「肫肫其仁、天下一家」滋味。然須推及鳥獸，又推及草木，方充得盡。若父子兄弟間，便有各自立達、爭先求勝的念頭，更那顧得別個。

天德只是個無我，王道只是個愛人。

道是第一等，德是第二等，功是第三等，名是第四等。自然之謂道，與自然遊，謂之道士。體道之謂德，百行俱修，謂之德士。濟世成物謂之功。一味為天下潔身著世謂之名。一味為自家立言者，亦不出此四家之言。下此不入等矣。

凡動天感物，皆純氣也。至剛至柔，與中和之氣，皆有所感動，純故也。十分純裡才有一毫雜，便不能感動。無論佳氣、戾氣，只純了，其應便捷於影響。

萬事萬物有分別，聖人之心無分別，因而付之耳。譬之日因萬物以為影，水因萬川以順流，而日水原無兩，未嘗不分別，而非以我分別之也。以我分別，自是分別不得。

下學學個什麼？上達達個什麼？下學者，學其所達也；上達者，達其所學也。

弘毅，坤道也。《易》曰「含弘光大」，言弘也；「利永貞」，言毅也。不毅不弘，何以載物？

六經言道而不辨，辨自孟子始；漢儒解經而不論，論自宋儒始；宋儒尊理而不僭，僭自世儒始。

聖賢學問是一套，行王道必本天德；後世學問是兩截，不修己，只管治人。

自非生知之聖，未有言而不思者。貌深沉而言安定，若蹇若疑，欲發欲留。雖有失焉者，寡矣。神奮揚而語急速，若湧若懸，半跲半晦，雖有得焉者，寡矣。夫一言之發，四面皆淵阱也。喜言之則以為驕，戚言之則以為懦，謙言之則以為諂，直言之則以為陵，微言之則以為險，明言之則以為浮。無心犯諱則謂有心之譏，無為發端則疑有為之說。簡而當事，曲而當情，精而當理，確而當時，一言而濟事，一言而服人，一言而明道，是謂修辭之善者。其要有二：曰澄心，曰定氣。余多言而無當，真知病本云云，當與同志者共改之。

知彼知我，不獨是兵法，處人處事，一些少不得底。

靜中真味，至淡至冷，及應事接物時，自有一段不冷不淡天趣。只是眾人習染世味，十分濃豔，便看得他冷淡。然冷而難親，淡而可厭，原不是真味，是謂撥寒灰、嚼淨蠟。

明體全為適用。明也者，明其所適也，不能適用，何貴明體？然未有明體而不適用者。樹有根，自然千枝萬葉；水有泉，自然千流萬脈。

天地人物，原來只是一個身體、一個心腸，同了，便是一家，異了，便是萬類。而今看著風雲雷雨，都是我胸中發出，虎豹蛇蠍，都是我身上分來，那個是天地？那個是萬物？

萬事萬物，都有個一，千頭萬緒，皆發於一，千言萬語，皆明此一，千體認萬推行，皆做此一。得此一，則萬皆舉；求諸萬，則一反迷。但二氏只是守一，吾儒卻會用一。

三氏傳心要法，總之不離一「靜」字。下手處皆是制欲，歸宿處都是無欲，是則同。

「予欲無言」，非雅言也，言之所不能顯者也。「吾無隱爾」，非文辭也，性與天道也。說便說不來，藏也藏不得，然則無言即無隱也，在學者之自悟耳。天地何嘗言？何嘗隱？以是知不可言傳者，皆日用流行於事物者也。

天地間道理，如白日青天；聖賢心事，如光風霽月。若說出一段話，說千解萬，解說者再不痛快，聽者再不惺憹，豈舉世人皆愚哉？此立言者之大病。

罕譬而喻者，至言也；譬而喻者，微言也；譬而不喻者，玄言也。玄言者，道之無以為者也。不理會玄言，不害其為聖人。

正大光明，透徹簡易，如天地之為形，如日月之垂象，足以開物成務，足以濟世安民，達之天下萬世而無弊，此謂天言。平易明白，切近精實，出於吾口，而當於天下之心，載之典籍，而裨於古人之道，是謂人言。艱深幽僻，弔詭探奇，不自句讀不能通其文，通則無分毫會心之理趣；不考音韻不能識其字，識則皆常行日用之形聲，是謂鬼言。鬼言者，道之賊也，木之孽也，經生學士之殃也。然而世人崇尚之者何？逃之怪異，足以文凡陋之筆，見其怪異，易以駭膚淺之目。此光明平易大雅君子，為之汗顏泚顙，而彼方以為得意者也。哀哉！

衰世尚同，盛世未嘗不尚同。衰世尚同流合污，盛世尚同心合德。虞廷同寅協恭，修政無異識，圯族者殛之；孔門同道協志，修身無異術，非吾徒者攻之。故曰道德一、風俗同。二之非帝王之治，二之非聖賢之教，是謂敗常亂俗，是謂邪說破道。衰世尚同，則異是矣。逐波隨風，共撼中流之砥柱；一頽百靡，誰容盡醉之醒人？讀〈桃園〉、誦〈板蕩〉，自古然矣。乃知盛世貴同，衰世貴獨。獨非立異也，眾人皆我之獨，即盛世之同矣。

世間物，一無可戀，只是既生在此中，不得不相與耳。不宜著情，著情便生無限愛欲，便招無限煩惱。

「安而後能慮」，止水能照也。

君子之於事也，行乎其所不得不行，止乎其所不得不止；於言也，語乎其所不得不語，默乎其所不得不默，尤悔庶幾寡矣。

發不中節，過不在已發之後。

才有一分自滿之心，面上便帶自滿之色，口中便出自滿之聲，此有道之所恥也。見得大時，世間再無可滿之事，吾分再無能滿之時，何可滿之有？故盛德容貌若愚。

「相在爾室，尚不愧於屋漏」，此是千古嚴師。「十目所視，十手所指」，此是千古嚴刑。

誠與才合，畢竟是兩個，原無此理。蓋才自誠出，才不出於誠，算不得個才，誠了自然有才。今人不患無才，只是討一誠字不得。

斷則心無累。或曰：「斷用在何處？」曰：「謀後當斷，行後當斷。」

道盡於一，二則贅；體道者不出一，二則支。天無二氣，物無二本，心無二理，世無二權。一則萬，二則不萬，道也，二乎哉？故執一者得萬，求萬者失一。水壅萬川未必能塞，木滋萬葉未必能榮，失一故也。

道有一真，而意見常千百也，故言多而道愈漓；事有一是，而意見常千百也，故議多而事愈僨。

吾黨望人甚厚，自治甚疏，只在口胳上做工夫，如何要得長進？

宇宙內原來是一個，才說同，便不是。

周子《太極圖》第二圈子，是分陰分陽，不是根陰根陽。世間沒有這般截然氣化，都是互為其根耳。

說自然，是第一等話，無所為而為；說當然，是第二等話，性分之所當盡，職分之所當為；說不可不然，是第三等話，是非毀譽是已；說不敢不然，是第四等話，利害禍福是已。

人欲擾害天理，眾人都曉得；天理擾害天理，雖君子亦迷，況在眾人！而今只說慈悲是仁，謙恭是禮，不取是廉，慷慨是義，果敢是勇，然諾是信。這個念頭，真實發出，難說不是天理，卻是大中至正天理，被他擾害，正是執一賊道。舉世所謂君子者，都是這裡看不破，故曰「道之不明」也。

「二女同居，其志不同行」，見孤陽也。若無陽，則二女何不同行之有？二陽同居，其志同行，不見陰也。若見孤陰，則二男亦不可以同居矣。故曰「一陰一陽之謂道」，六爻雖具陰陽之偏，然各成一體，故無嫌。

利刃斲木綿，迅炮擊風幟，必無害矣。

士之於道也，始也求得，既也得得，既也養得，既也忘得。不養得則得也不固，不忘得則得也未融。學而至於忘得，是謂無得。得者，自外之名，既失之名，還我故物，如未嘗失，何得之有？心放失，故言得心，從古未言得耳目口鼻四肢者，無失故也。

聖人作用，皆以陰為主，以陽為客。陰所養者也，陽所用者也。天地亦主陰而客陽。二氏家全是陰，道家以陰養純陽而嗇之，釋家以陰養純陰而寶之。凡人陰多者，多壽多福；陽多者，多夭多禍。

只隔一絲，便算不得透徹之悟，須是入筋肉、沁骨髓。

異端者，本無不同，而端緒異也。千古以來，惟堯舜禹湯文武孔孟一脈是正端，千古不異。無論佛、老、莊、列、申、韓、管、商，即伯夷、伊尹、柳下惠，都是異端，子貢、子夏之徒，都流而異端。蓋端之初分也，如路之有岐，未分之初都是一處發腳，既出門後，一股向西南走，一股向東南走，走到極處，末路梢頭，相去不知幾千萬里，其始何嘗不一本哉？故學問要析同異於毫釐，非是好辨，懼末流之可哀也。

天下之事，真知再沒個不行，真行再沒個不誠，真誠之行，再沒個不自然底。自然之行，不至其極不止，不死不止，故曰「明則誠」矣。

千萬病痛只有一個根本，治千病萬痛只治一個根本。

宇宙內主張萬物底只是一塊氣，氣即是理。理者，氣之自然者也。

到至誠地位，誠固誠，偽亦誠；未到至誠地位，偽固偽，誠亦偽。

義襲取不得。

信知困窮、抑鬱、貧賤、勞苦是我應得底，安富、尊榮、歡欣、如意是我倘來底，胸中便無許多冰炭。

事有豫而立，亦有豫而廢者。吾曾豫以有待，臨事鑿枘不成，竟成棄擲者。所謂「權不可豫設，變不可先圖」，又難執一論也。

任是千變萬化、千奇萬異，畢竟落在平常處歇。

善是性，性未必是善；秤錘是鐵，鐵不是秤錘。或曰：「孟子道性善，非與？」曰：「余所言，孟子之言也。孟子以耳目口鼻四肢之欲為性，此性善否？」或曰：「欲當乎理，即是善。」曰：「如子所言，『動心忍性』，亦忍善性與？」或曰：「孔子繫《易》，言『繼善成性』，非與？」曰：「世儒解經，皆不善讀《易》者也。孔子云『一陰一陽之謂道』，謂一陰一陽均調而不偏，乃天地中和之氣，故謂之道。人繼之則為善，繼者，稟受之初；人成之則為性，成者，不作之謂。假若一陰則偏於柔，一陽則偏於剛，皆落氣質，不可謂之道。蓋純陰純陽之謂偏，一陰二陽、二陰一陽之謂駁，一陰三四五陽、五陰一三四陽之謂雜，故仁智之見，皆落了氣質一邊，何況百姓？仁智兩字，拈此以見例，禮者見之謂之禮，義者見之謂之義，皆是邊見。朱注以繼為天，誤矣；又以仁智分陰陽，又誤矣。抑嘗考之，天自有兩種天，有理道之天，有氣數之天。故賦之於人，有義理之性，有氣質之性。二天皆出於太極，理道之天是先天，未著陰陽五行以前，純善無惡，《書》所謂『惟皇降衷，厥有恒性』，《詩》所謂『天生烝民，有物有則』是也。氣數之天是後天，落陰陽五行之後，有善有惡，《書》所謂『天生烝民，有欲』，孔子所謂『惟上知與下愚不移』是也。孟子道性善，只言個德性。」

物欲從氣質來，只變化了氣質，更說甚物欲。

耳目口鼻四肢，有何罪過？堯舜周孔之身，都是有底；聲色貨利、可愛可欲，有何罪過？堯舜周孔之世，都是有底。千萬罪惡，都是這點心，孟子「耳目之官不思而蔽物」，太株連了，只是先立乎其大，有了張主，小者都是好奴婢，何小之敢奪？沒了窩主，那怕盜賊？問：「誰立大？」曰：「大立大。」

威儀養得定了，才有脫略，便害羞赧；放肆慣得久了，才入禮群，便害拘束。習不可不慎也。

絜矩是強恕事，聖人不絜矩。他這一副心腸，原與天下打成一片，那個是矩？那個是絜？

「仁以為己任，死而後已」，此是大擔當；「老者衣帛食肉，黎民不饑不寒」，此是大快樂。

「內外本末，交相培養」，此語余所未喻。只有內與本，那外與末，張主得甚？

不是與諸君不談奧妙，古今奧妙，不似《易》與《中庸》，至今解說二書，不似青天白日，如何又於晦夜添濃雲也？望諸君哀此後學，另說一副當言語，須是十指露縫，八面開窗，你見我知，更無躲閃，方是正大光明男子。

形而上與形而下，不是兩般道理；下學上達，不是兩截工夫。

世之欲惡無窮，人之精力有限，以有限與無窮鬥，則物之勝人，不啻千萬，奈之何不病且死也。

冷淡中有無限受用處。都戀戀炎熱，抵死不悟，既悟不知回頭，既回頭卻又羨慕，此是一種依羶附腥底人，切莫與談真滋味。

處明燭幽，未能見物，而物先見之矣；處幽燭明，是謂神照。是故不言者非喑，不視者非盲，不聽者非聾。

儒戒聲色貨利，釋戒色聲香味，道戒酒色財氣。總歸之無欲，此三氏所同也。儒衣儒冠而多欲，怎笑得釋道？

敬事鬼神，聖人維持世教之大端也。其義深，其功大。但自不可鑿求，不可道破耳。

天下之治亂，只在「相責各盡」四字。

世之治亂，國之存亡，民之死生，只是個我心作用。只無我了，便是天清地寧、民安物阜世界。

惟得道之深者，然後能淺言；凡深言者，得道之淺者也。

以虛養心，以德養身，以善養人，以仁養天下萬物，以道養萬世。養之義，大矣哉！

萬物皆能昏人，是人皆有所昏。有所不見，為不見者所昏；有所見，為見者所昏。惟一無所見者不昏，不昏然後見天下。

道非淡不入，非靜不進，非冷不凝。

三千三百，便是無聲無臭。

天德王道不是兩事，內聖外王不是兩人。

損之而不見其少者，必贅物也；益之而不見其多者，必缺處也。惟分定者，加一毫不得、減一毫不得。

知是一雙眼，行是一雙腳。不知而行，前有淵谷而不見，傍有狼虎而不聞，如中州之人，適燕而南、之粵而北也，雖乘千里之馬，愈疾愈遠。知而不行，如痿痹之人，數路程、畫山水。行更無多說，只用得一「篤」字。知底工夫，千頭萬緒，所謂「匪知之艱，惟行之艱」、「匪苟知之，亦允蹈之」、「知至至之，知終終之」、「窮神知化」、「窮理盡性」、「幾深研極」、「探頤索隱」、「多聞多見」。知也者，知所行也；行也者，行所知也。知也者，知此也；行也者，行此也。原不是兩個。世俗知行不分，直與千古聖人駁難，以為行即是知。余以為：「能行方算得知，徒知難算得行。」

有殺之為仁，生之為不仁者；有取之為義，與之為不義者；有卑之為禮，尊之為非禮者；有不知為智，知之為不智者；有違言為信，疏言為非信者。

覓物者，苦求而不得，或視之而不見，他日無事於覓也，乃得之。非物有趨避，目眩於急求也。天下之事，每得於從容，而失之急遽。

山峙川流、鳥啼花落、風清月白，自是各適其天，各得其分。我亦然，彼此無干涉也。才生繫戀心，便是歆羨，便有沾著。至人淡無世好，與世相忘而已。惟並育而不有情，故並育而不相害。

公生明，誠生明，從容生明。公生明者，不蔽於私也；誠生明者，清虛所通也；從容生明者，不淆於感也。舍是無明道矣。

「喜怒哀樂之未發謂之中」，自有《中庸》以來，無人看破此一語。此吾道與佛、老異處，最不可忽。

知識，心之孽也；才能，身之妖也；貴寵，家之禍也；富足，子孫之殃也。

只泰了，天地萬物皆志暢意得，欣喜歡愛。心身家國天下無一毫鬱閼不平之氣，所謂八達四通，千昌萬遂，太和之至也。然泰極則肆，肆則不可收拾；而入於否。故〈泰〉之後繼以〈大壯〉，而聖人戒之曰：「君子以非禮弗履。」用是見古人憂勤惕勵之意多，豪雄曠達之心少。六十四卦，惟有〈泰〉是快樂時，又恁極中極正，且懼且危，此所以致泰保泰，而無意外之患也。

今古紛紛辨口，聚訟盈庭，積書充棟，皆起於世教之不明，而聰明才辨者，各執意見以求勝。故爭輕重者，至衡而息，爭短長者，至度而息，爭多寡者，至量而息，爭是非者，至聖人而息。中道者，聖人之權衡度量也。聖人往矣，而中道自在，安用是嘵嘵強口而逞辨以自是哉？嗟夫！難言之矣。

人只認得「義命」兩字真，隨事隨時，在這邊體認，果得趣味，一生受用不了。

「夫焉有所倚」，此至誠之胸次也。空空洞洞，一無所著，一無所有，只是不倚著。才倚一分，便是一分偏；才著一釐，便是一釐礙。

形用事，則神者亦形；神用事，則形者亦神。

威儀三千，禮儀三百，五刑之屬三千，皆法也。法是死底，令人可守；道是活底，令人變通。賢者持循於法之中，聖人變易於法之外。自非聖人而言變易，皆亂法也。

道不可言，才落言筌，便有倚著。

禮教大明，中有犯禮者一人焉，則眾以為肆而無所容；禮教不明，中有守禮者一人焉，則眾以為怪而無所容。禮之於世大矣哉！

良知之說，亦是致曲擴端學問，只是作用大端費力。作聖工夫當從天上做，培樹工夫當從土上做。射之道，中者矢也，矢由弦，弦由手，手由心，用工當在心，不在矢；御之道，用者銜也，銜由轡，轡由手，手由心，用工當在心，不在銜。

聖門工夫有兩途：「克己復禮」，是領惡以全好也，四夷靖則中國安；「先立乎其大者」，是正己而物正也，內順治則外威嚴。

中，是千古道脈宗；敬，是聖學一字訣。

性，只有一個，才說五，便著情種矣。

敬肆是死生關。

瓜、李將熟，浮白生焉。禮由情生，後世乃以禮為情，哀哉！

道理甚明、甚淺、甚易，只被後儒到今說底玄冥，只似真禪，如何使俗學不一切抵毀而盡叛之！

生成者，天之道心；災害者，天之人心。道心者，人之生成；人心者，人之災害。此語眾人驚駭死，必有能理會者。

道器非兩物，理氣非兩件。成象成形者器，所以然者道；生物成物者氣，所以然者理。道與理，視之無跡，捫之無物，必分道器、理氣為兩項，殊為未精。《易》曰：「形而上者謂之道，形而下者謂之器。」蓋形而上，無體者也，萬有之父母，故曰道；形而下，有體者也，一道之凝結，故曰器。理氣亦然，生天、生地、生人、生物，皆氣也，所以然者，理也。安得對待而言之？若對待為二，則費隱亦二矣。

先天，理而已矣；後天，氣而已矣；天下，勢而已矣；人情，利而已矣。理一，而氣、勢、利三，勝負可知矣。

人事就是天命。

我盛則萬物皆為我用，我衰則萬物皆為我病。盛衰勝負，宇宙內只有一個消息。

天地間惟無無累，有即為累。有身則身為我累，有物則物為我累。惟至人則有我而無我，有物而忘物，此身如在太虛中，何累之有？故能物我兩化。化則何有何無？何非有何非無？故二氏逃有，聖人善處有。

義，合外內之道也。外無感，則義只是渾然在中之理，見物而裁制之，則為義。義不生於物，亦緣物而後見。告子只說義外，故孟子只說義內，各說一邊以相駁，故窮年相辨而不服。孟子若說義雖緣外而形，實根吾心而生，物不是義，而處物乃為義也，告子再怎開口？性，合理氣之道也。理不雜氣，則純粹以精，有善無惡，所謂義理之性也。理一雜氣，則五行紛糅，有善有惡，所謂氣質之性也。諸家所言，皆落氣質之後之性，孟子所言皆未著氣質之先之性，各指一邊以相駁，故窮年相辨而不服。孟子若說有善有惡者，雜於氣質之性，有善無惡者，上帝降衷之性，學問之道正要變化那氣質之性，完復吾降衷之性，諸家再怎開口？

乾與姤，坤與復，對頭相接，不間一髮，乾坤盡頭處，即姤復起頭處，如呼吸之相連，無有斷續，一斷便是生死之界。

知費之為省，善省者也，而以省為省者愚，其費必倍。知勞之為逸者，善逸者也，而以逸為逸者昏，其勞必多。知苦之為樂者，善樂者也，而以樂為樂者癡，一苦不返。知通之為塞者，善塞者也，而以塞為塞者拙，一通必竭。

秦火之後，三代制作湮滅幾盡。漢時購書之賞重，胡漢儒附會之書多。其倖存者，則焚書以前之宿儒尚存而不死，如伏生口授之類。好古之君子壁藏而石函，如《周禮》出於屋壁之類。後儒不考古今之文，概云先王製作而不敢易，即使盡屬先王制作，然而議禮制度考文，沿世道民俗而調劑之，易姓受命之天子皆可變通，故曰「刑法世輕重，三王不沿禮襲樂。」若一切泥古而求通，則茹毛飲血、土鼓汙尊，皆可行之今日矣。堯舜而當此時，其制度文為，必因時順勢，豈能反後世而躋之唐虞？或曰：「自秦火後，先王制作，何以別之？」曰：「打起一道大中至正線來，真偽分毫不錯。」

理會得「箇」之一字，自家身心、天地萬物、天下萬事，盡之矣。一粒金丹，不載多藥，一分銀塊，不攙錢幣。

耳聞底、眼見底、身觸頭戴足踏底，燦然、確然，無非都是這個，拈起一端來，色色都是這個。卻向古人千言萬語、陳爛葛藤，鑽研窮究，意亂神昏，了不可得，則多言之誤後人也噫！

鬼神無聲無臭，而有聲有臭者，乃無聲無臭之散殊也。故先王以聲息為感格鬼神之妙機。周人尚臭，商人尚聲，自非達幽明之故者，難以語此。

三千三百，繭絲牛毛，聖人之精細，入淵微矣。然皆自性真流出，非由強作，此之謂天理。

事事只在道理上商量，便是真體認。

使人收斂莊重莫如禮，使人溫厚和平莫如樂。德性之有資於禮樂，猶身體之有資於衣食，極重大，極急切。人君治天下，士君子治身，惟禮樂之用為急耳。自禮廢，而惰慢放肆之態慣習於身體矣；自樂亡，而乖戾忿恨之氣充滿於一腔矣。三代以降，無論典秩之本，聲氣之元，即儀文器數，夢寐不及。悠悠六合，貿貿百年，豈非靈於萬物，而萬物且能咲之？細思先儒「不可斯須去身」六字，可為流涕長太息矣。

惟平脈無病，七表、八裡、九道，皆病名也；惟中道無名，五常、百行、萬善，皆偏名也。

千載而下，最可恨者，樂之無傳。士大夫視為迂闊無用之物，而不知其有切於身心性命也。

一、中、平、常、白、淡、無，謂之七無對。一不對萬；萬者，一之分也。太過不及對；中者，太過不及之君也。高下對；平者，高下之準也。吉凶禍福貧、富貴賤對；常者，不增不減之物也。青黃、碧紫、赤黑對；白者，青、黃、碧、紫、赤之質也。酸、鹹、甘、苦、辛對；淡者，受和五味之主也。有不與無對；無者，萬有之母也。

或問：「格物之物是何物？」曰：「至善是已。」「如何格？」曰：「知止是已。」「《中庸》不言格物，何也？」曰：「舜之執兩端於問察，回之擇一善而服膺，皆格物也。」「擇善與格物同否？」曰：「博學、審問、慎思、明辨，皆格物也；致知、誠正，修齊、治平，皆擇善也。除了善，更無物。除了擇善，更無格物之功。」「至善即中乎？」曰：「不中，不得謂之至善。不明乎善，不得謂之格物。故不明善不能誠身，不格物不能誠意。明瞭善，欲不誠身不得；格了物，欲不誠意不得。」「不格物亦能致知否？」曰：「有。佛、老、莊、列皆致知也，非不格物；而非吾之所謂物。」「不致知亦能誠意否？」曰：「有尾生、孝己皆誠意也，乃氣質之知，而非格物之知。」格物二字，在宇宙間乃鬼神訶護，真靈至寶，要在個中人神解妙悟，不可與口耳家道也。

學術要辨邪正。既正矣，又要辨真偽。既真矣，又要辨念頭切不切、嚮往力不力，無以空言輒便許人也。

百姓凍餒，謂之國窮，妻子困乏，謂之家窮，氣血虛弱，謂之身窮，學問空疏，謂之心窮。

人問：「君是道學否？」曰：「我不是道學。」「是仙學否？」曰：「我不是仙學。」「是釋學否？」曰：「我不是釋學。」「是老、莊、申、韓學否？」曰：「我不是老、莊、申、韓學。」「畢竟是誰家門戶？」曰：「我只是我。」

與友人論天下無一物無禮樂，因指几上香曰：「此香便是禮，香煙便是樂；坐在此便是禮，一笑便是樂。」

心之好惡，不可迷也，耳目口鼻四肢之好惡，不可徇也。瞽者不辨蒼素，聾者不辨宮商，鼽者不辨香臭，狂者不辨辛酸，逃難而追亡者不辨險夷遠近。然於我無損也，於道無損也，於事無損也，而有益於世、有益於我者無窮。乃知五者之知覺，道之賊而心之殃也，天下之禍也。

氣有三散：苦散、樂散、自然散。苦散、樂散可以復聚，自然散不復聚矣。

悟有頓，修無頓。立志在堯，即一念之堯；一語近舜，即一言之舜；一行師孔，即一事之孔，而況悟乎？若成一個堯舜孔子，非真積力充、斃而後已不能。

有人於此，其孫呼之曰祖、其祖呼之曰孫、其子呼之曰父、其父呼之曰子、其舅呼之曰甥、其甥呼之曰舅、其伯叔呼之曰侄、其侄呼之曰伯叔、其兄呼之曰弟、其弟呼之曰兄、其翁呼之曰婿、其婿呼之曰翁，畢竟是幾人？曰：「一人也。」「呼之畢竟孰是？」曰：「皆是也。」吁！「仁者見之謂之仁，知者見之謂之知」，無怪矣，道二乎哉！

豪放之心，非道之所棲也，是故道凝於寧靜。

聖人制規矩，不制方圓，謂規矩可為方圓，方圓不能為方圓耳。

終身不照鏡，終身不認得自家。乍照鏡，猶疑我是別人，常磨常照，才認得本來面目。故君子不可以無友。

輕重只在毫釐，長短只爭分寸。明者以少為多，昏者惜零棄頓。

天地所以循環無端積成萬古者，只是四個字，曰「無息有漸」。聖學亦然，縱使生知之聖，敏則有之矣，離此四字不得。

下手處是自強不息，成就處是至誠無息。

聖學入門先要克己，歸宿只是無我。蓋自私自利之心是立人達人之障，此便是舜、跖關頭，死生歧路。

心於淡裡見天真，嚼破後許多滋味；學向淵中尋理趣，湧出來無限波瀾。

百毒惟有恩毒苦，萬味無如淡味長。

總埋泉壤終須白，才露天機便不玄。

橫吞八極水，細數九牛毛。

內篇・

卷二

修身・問學

修身

六合是我底六合，那個是人？我是六合底我，那個是我？

世上沒個分外好底，便到天地位，萬物育底功用，也是性分中應盡底事業。今人才有一善，便向人有矜色，便見得世上人都有不是，余甚恥之。若說分外好，這又是賢智之過，便不是好。

率真者無心過，殊多躁言輕舉之失；慎密者無口過，不免厚貌深情之累。心事如青天白日，言動如履薄臨深，其惟君子乎？

沉靜最是美質，蓋心存而不放者。今人獨居無事，已自岑寂難堪，才應事接人，便任口恣情，即是清狂，亦非蓄德之器。

攻己惡者，顧不得攻人之惡。若嘵嘵爾雌黃人，定是自治疏底。

大事難事看擔當，逆境順境看襟度，臨喜臨怒看涵養，群行群止看識見。

身是心當，家是主人翁當，郡邑是守令當，九邊是將帥當，千官是冢宰當，天下是天子當，道是聖人當。故宇宙內幾樁大事，學者要挺身獨任，讓不得人，亦與人計行止不得。

作人怕似渴睡漢，才喚醒時，睜眼若有知，旋復沉困，竟是寐中人。須如朝興櫛盥之後，神爽氣清，冷冷勁勁，方是真醒。

人生得有餘氣，便有受用處。言盡口說，事盡意做，此是薄命子。

清人不借外景為襟懷，高士不以塵識染情性。

官吏不要錢，男兒不做賊，女子不失身，才有了一分人。連這個也犯了，再休說別個。

才有一段公直之氣，而出言做事便露圭角，是大病痛。

講學論道於師友之時，知其心術之所藏何如也；飭躬勵行於見聞之地，知其暗室之所為何知也。然則盜跖非元憝也，彼盜利而不盜名也。世之大盜，名利兩得者居其最。

圓融者無詭隨之態，精細者無苛察之心，方正者無乖拂之失，沉默者無陰險之術，誠篤者無椎魯之累，光明者無淺露之病，勁直者無徑情之偏，執持者無拘泥之跡，敏練者無輕浮之狀，此是全才。有所長而矯其長之失，此是善學。

不足與有為者，自附於行所無事之名，和光同塵者，自附於無可無不可之名。聖人惡莠也以此。

古之士民，各安其業，策勵精神，點檢心事。晝之所為，夜而思之，又思明日之所為。君子汲汲其德，小人汲汲其業，日累月進，旦興晏息，不敢有一息惰慢之氣。夫是以士無慆德，民無怠行；夫是以家給人足，道明德積，身用康強，不即於禍。今也不然，百畝之家不親力作，一命之士不治常業，浪談邪議，聚笑覓歡，耽心耳目之玩，騁情遊戲之樂，身衣綺穀，口厭芻豢，志溺驕佚，懵然不知日用之所為，而其室家土田，百物往來之費，又足以荒志而養其淫，消耗年華，妄費日用。噫！是亦名為人也，無惑乎後艱之踵至也！

世之人形容人過，只像個盜跖；迴護自家，只像個堯舜。不知這卻是以堯舜望人，而以盜跖自待也。

孟子看鄉黨自好，看得甚卑。近年看鄉黨人自好底不多。愛名惜節，自好之謂也。

少年之情，欲收斂，不欲豪暢，可以謹德；老人之情，欲豪暢，不欲鬱閼，可以養生。

廣所依，不如擇所依，擇所依，不如無所依。無所依者，依天也。依天者，有獨知之契，雖獨立宇宙之內而不謂孤；眾傾之、眾毀之而不為動，此之謂男子。

坐間皆談笑，而我色莊，坐間皆悲感，而我色怡，此之謂乖戾，處己處人兩失之。

精明也要十分，只須藏在渾厚裡作用。古今得禍，精明人十居其九，未有渾厚而得禍者。今之人惟恐精明不至，乃所以為愚也。

分明認得自家是，只管擔當直前做去。卻因毀言輒便消沮，這是極無定力底，不可以任天下之重。

小屈以求大伸，聖賢不為。吾道必大行之日然後見，便是抱關擊柝，自有不可枉之道。松柏生來便直，士君子窮居便正。若曰「在下位遇難事，姑韜光忍恥，以圖他日貴達之時，然後直躬行道」，此不但出處為兩截人，即既仕之後，又為兩截人矣。又安知大任到手不放過耶？

才能技藝，讓他占個高名，莫與角勝。至於綱常大節，則定要自家努力，不可退居人後。

處眾人中，孤另另的別作一色人，亦吾道之所不取也。子曰：「群而不黨。」群占了八九分，不黨，只到那不可處方用。其用之也，不害其群，才見把持，才見涵養。

今之人只是將「好名」二字坐君子罪，不知名是自好不將去。分人以財者，實費財；教人以善者，實勞心；臣死忠、子死孝、婦死節者，實殺身；一介不取者，實無所得。試著渠將這好名兒好一好，肯不肯？即使真正好名，所為卻是道理。彼不好名者，舜乎？跖乎？果舜耶，真加於好名一等矣；果跖耶，是不好美名而好惡名也。愚悲世之人以好名沮君子，而君子亦畏好名之譏而自沮，吾道之大害也，故不得不辨。凡我君子，其尚獨，復自持，毋為曉曉者所撼哉。

大其心容天下之物，虛其心受天下之善，平其心論天下之事，潛其心觀天下之理，定其心應天下之變。

古之居民上者，治一邑則任一邑之重，治一郡則任一郡之重，治天下則任天下之重。朝夕思慮其事，日夜經紀其務。一物失所，不遑安席；一事失理，不遑安食。限於才者求盡吾心，限於勢者求滿吾分，不愧於君之付托、民之仰望，然後食君之祿，享民之奉，泰然無所歉，反焉無所傀。否則是食浮於功也，君子恥之。

盜嫂之誣直不疑，撾婦翁之誣第五倫，皆二子之幸也。何者？誣其所無。無近似之跡也，雖不辯而久則自明矣。或曰：「使二子有嫂、有婦翁，亦當辯否？」曰：「嫌疑之跡，君子安得不辯？『予所否者，天厭之，天厭之。』若付之無言，是與馬償金之類也，君子之所惡也。故君子不潔己以病人，亦不自污以徇世。」

聽言不爽，非聖人不能。根以有成之心，蜚以近似之語，加之以不避嫌之事，當倉卒無及之際，懷隔閡難辯之恨，父子可以相賊，死亡可以不顧，怒室鬩牆，稽唇反目，何足道哉！古今國家之敗亡，此居強半。聖人忘於無言，智者照以先覺，賢者熄於未著，剛者絕其口語，忍者斷於不行。非此五者，無良術矣。

榮辱繫乎所立，所立者固，則榮隨之，雖有可辱，人不忍加也；所立者廢，則辱隨之，雖有可榮，人不屑及也。是故君子愛其所自立，懼其所自廢。

掩護勿攻，屈服勿怒，此用威者之所當知也；無功勿賞，盛寵勿加，此用愛者之所當知也。反是皆敗道也。

稱人之善，我有一善，又何妒焉？稱人之惡，我有一惡，又何毀焉？

善居功者，讓大美而不居；善居名者，避大名而不受。

善者不必福，惡者不必禍，君子稔知之也，寧禍而不肯為惡。忠直者窮，諛佞者通，君子稔知之也，寧窮而不肯為佞。非但知理有當然，亦其心有所不容已耳。

居尊大之位，而使賢者忘其貴重，卑者樂於親炙，則其人可知矣。

人不難於違眾，而難於違己。能違己矣，違眾何難？

攻我之過者，未必皆無過之人也。苟求無過之人攻我，則終身不得聞過矣。我當感其攻我之益而已，彼有過無過，何暇計哉？

恬淡老成人，又不能俯仰一世，便覺乾燥；圓和甘潤人，又不能把持一身，便覺脂韋。

做人要做個萬全，至於名利地步，休要十分占盡，常要分與大家，就帶些缺綻不妨。何者？天下無人己俱遂之事，我得人必失，我利人必害，我榮人必辱，我有美名，人必有愧色。是以君子貪德而讓名，辭完而處缺，使人我一般，不嶢嶢露頭角、立標臬，而胸中自有無限之樂。孔子謙己，嘗自附於尋常人，此中極有意趣。

「明理省事」甚難，此四字終身理會不盡，得了時，無往而不裕如。

胸中有一個見識，則不惑於紛雜之說；有一段道理，則不撓於鄙俗之見。《詩》云：「匪先民是程，匪大猷是經，……惟邇言是爭。」平生讀聖賢書，某事與之合，某事與之背，即知所適從，知所去取。否則口《詩》《書》而心眾人也，身儒衣冠而行鄙夫也。此士之稂莠也。

世人喜言無好人，此孟浪語也。今且不須擇人，只於市井稠人中聚百人，而各取其所長，人必有一善，集百人之善可以為賢人；人必有一見，集百人之見可以決大計。恐我於百人中未必人人高出之也，而安可忽匹夫匹婦哉？

學欲博，技欲工，難說不是一長，總較作人，只是夠了便止。學如班、馬，字如鍾、王，文如曹、劉，詩如李；杜，錚錚千古知名，只是個小藝習，所貴在作人好。

到當說處，一句便有千鈞之力，卻又不激不疏，此是言之上乘。除此雖十緘也不妨。

循弊規，若時王之制，守時套，若先聖之經，侈己自得，惡聞正論，是人也，亦大可憐矣，世教奚賴焉！

心要常操，身要常勞。心愈操愈精明，身愈勞愈強健。但自不可過耳。

未適可，必止可；既適可，不過可，務求適可而止。此吾人日用持循，須臾粗心不得。

士君子之偶聚也，不言身心性命，則言天下國家；不言物理人情，則言風俗世道；不規目前過失，則問平生德業。傍花隨柳之間，吟風弄月之際，都無鄙俗媟嫚之談，謂此心不可一時流於邪僻，此身不可一日令之偷惰也。若一相逢，不是褻狎，便是亂講，此與僕隸下人何異？只多了這衣冠耳。

作人要如神龍，屈伸變化，自得自如，不可為勢利術數所拘縛。若羈絆隨人，不能自決，只是個牛羊。然亦不可嘵嘵悻悻。故大智上哲，看得幾事分明，外面要無跡無言，胸中要獨往獨來，怎被機械人駕馭得？

「財、色、名、位」，此四字考人品之大節目也。這裡打不過，小善不足錄矣。自古砥礪名節者，兢兢在這裡做工夫，最不可容易放過。

古之人，非曰位居貴要、分為尊長，而遂無可言之人、無可指之過也；非曰卑幼貧賤之人，一無所知識、即有知識，而亦不當言也。蓋體統名分，確然不可易者，在道義之外；以道相成、以心相與，在體統名分之外。哀哉！後世之貴要尊長，而遂無過也。

只盡日點檢自家，發出念頭來，果是人心？果是道心？出言行事，果是公正？果是私曲？自家人品，自家定了幾分？何暇非笑人，又何敢喜人之譽己耶？

往見「泰山喬嶽以立身」四語甚愛之，疑有未盡，因推廣為男兒八景，云：「泰山喬嶽之身，海闊天空之腹，和風甘雨之色，日照月臨之目，旋乾轉坤之手，磐石砥柱之足，臨深履薄之心，玉潔冰清之骨。」此八景予甚愧之，當與同志者竭力從事焉。

求人已不可，又求人之轉求；徇人之求已不可，又轉求人之徇人；患難求人已不可，又以富貴利達求人。此丈夫之恥也。

文名、才名、藝名、勇名，人盡讓得過，惟是道德之名，則妒者眾矣；無文、無才、無藝、無勇，人盡謙得起，惟是無道德之名，則愧者眾矣。君子以道德之實潛修，以道德之名自掩。

「有諸己而後求諸人，無諸己而後非諸人」，固是藏身之恕；有諸己而不求諸人，無諸己而不非諸人，自是無言之感。《大學》為居上者言，若士君子守身之常法，則余言亦蓄德之道也。

乾坤盡大，何處容我不得？而到處不為人所容，則我之難容也。眇然一身而為世上難容之人，乃號於人曰：「人之不能容我也。」吁！亦愚矣哉。

名分者，天下之所共守者也。名分不立，則朝廷之紀綱不尊，而法令不行。聖人以名分行道，曲士恃道以壓名分，不知孔子之道，視魯侯奚啻天壤，而〈鄉黨〉一篇，何等盡君臣之禮！乃知尊名分與諂時勢不同，名分所在，一毫不敢傲惰；時勢所在，一毫不敢阿諛。固哉！世之腐儒，以尊名分為諂時勢也；卑哉！世之鄙夫以諂時勢為尊名分也。

聖人之道，太和而已，故萬物皆育。便是秋冬，不害其為太和，況太和又未嘗不在秋冬宇宙間哉！余性褊，無弘度、平心、溫容、巽語，願從事於太和之道，以自廣焉。

只竟夕點檢，今日說得幾句話關係身心，行得幾件事有益世道，自慊自愧，恍然獨覺矣。若醉酒飽肉、恣談浪笑，卻不錯過了一日；亂言妄動、昧理從欲，卻不作孽了一日。

只一個俗念頭，錯做了一生人；只一雙俗眼目，錯認了一生人。

少年只要想：我見在幹些甚麼事，到頭成個甚麼人，這便有多少恨心！多少愧汗！如何放得自家過？

明鏡雖足以照秋毫之末，然持以照面不照手者何？面不自見，借鏡以見，若手則吾自見之矣。鏡雖明，不明於目也，故君子貴自知自信。以人言為進止，是照手之識也。若耳目識見所不及，則匪天下之見聞不濟矣。

義、命、法，此三者，君子之所以定身，而眾人之所妄念者也。從妄念而巧邪，圖以幸其私，君子恥之。夫義不當為，命不能為，法不敢為，雖欲強之，豈惟無獲，所喪多矣。即獲亦非福也。

避嫌者，尋嫌者也；自辯者，自誣者也。心事重門洞達，略不回邪；行事八窗玲瓏，毫無遮障，則見者服，聞者信。稍有不白之誣，將家家為吾稱冤，人人為吾置喙矣。此之謂潔品，不自潔而人潔之。

善之當為，如飲食衣服然，乃吾人日用常行事也。人未聞有以禍福廢衣食者，而為善則以禍福為行止；未聞有以毀譽廢衣食者，而為善則以毀譽為行止。惟為善心不真誠之故耳。果真、果誠，尚有甘死饑寒而樂於趨善者。

有象而無體者，畫人也，欲為而不能為。有體而無用者，塑人也，清淨尊嚴，享犧牲香火，而一無所為。有運動而無知覺者，偶人也，持提掇指使而後為。此三人者，身無血氣，心無靈明，吾無責矣。

我身原無貧富、貴賤、得失、榮辱字，我只是個我，故富貴、貧賤、得失、榮辱，如春風秋月，自去自來，與心全不牽掛，我到底只是個我。夫如是，故可貧、可富、可貴、可賤、可得、可失、可榮、可辱。今人惟富貴是貪，其得之也必喜，其失之也如何不悲？其得之也為榮，其失之也如何不辱？全是靠著假景作真身，外物為分內，此二氏之所笑也，況吾儒乎？吾輩做工夫，這個是第一。吾愧不能，以告同志者。

「本分」二字，妙不容言。君子持身，不可不知本分，知本分，則千態萬狀，一毫加損不得。聖王為治，當使民得其本分，得本分，則榮辱死生，一毫怨望不得。子弒父，臣弒君，皆由不知本分始。

兩柔無聲，合也；一柔無聲，受也。兩剛必碎，激也；一剛必損，積也。故《易》取一剛一柔，是謂乎中，以成天下之務，以和一身之德，君子尚之。

毋以人譽而遂謂無過。世道尚渾厚，人人有心史也。人之心史真，惟我有心史，而後無畏人之心史矣。

淫怒是大惡，裡面御不住氣，外面顧不得人，成甚涵養？或曰：「涵養獨無怒乎？」曰：「聖賢之怒自別。」

凡智愚無他，在讀書與不讀書；禍福無他，在為善與不為善；貧富無他，在勤儉與不勤儉；毀譽無他，在仁恕與不仁恕。

古人之寬大，非直為道理當如此，然煞有受用處。弘器度以養德也，省怨怒以養氣也，絕仇讎以遠禍也。

平日讀書，惟有做官是展布時。將窮居所見聞，及生平所欲為者，一一試嘗之，須是所理之政事各得其宜，所治之人物各得其所，才是滿了本然底分量。

只見得眼前都不可意，便是個礙世之人。人不可我意，我必不可人意。不可人意者我一人，不可我意者千萬人。嗚呼！未有不可千萬人意而不危者也。是故智者能與世宜，至人不與世礙。

性分、職分、名分、勢分，此四者，宇內之大物。性分、職分在己，在己者不可不盡；名分、勢分在上，在上者不可不守。

初看得我污了世界，便是個盜跖；後看得世界污了我，便是個伯夷；最後看得世界也不污我，我也不污世界，便是個老子。

心要有城池，口要有門戶。有城池則不出，有門戶則不縱。

士君子作人不長進，只是不用心、不著力。其所以不用心、不著力者，只是不愧不奮。能愧能奮，聖人可至。

有道之言，將之心悟；有德之言，得之躬行。有道之言弘暢，有德之言親切。有道之言如遊萬貨之肆，有德之言如發萬貨之商。有道者不容不言；有德者無俟於言，雖然，未嘗不言也，故曰：「有德者必有言。」

學者說話，要簡重從容，循物傍事，這便是說話中涵養。

或問：「不怨不尤了，恐於事天處人上更要留心不？」曰：「這天人兩項，千頭萬緒，如何照管得來？有個簡便之法，只在自家身上做，一念、一言、一事都點檢得，沒我分毫不是，那禍福毀譽，都不須理會。我無求禍之道而禍來，自有天耽錯；我無致毀之道而毀來，自有人耽錯，與我全不干涉。若福與譽是我應得底，我不加喜；是我倖得底，我且惶懼愧赧。況天也有力量不能底，人也有知識不到底，也要體悉他。卻有一件緊要，生怕我不能格天動物，這個稍有欠缺，自怨自尤且不暇，又那顧得別個？孔子說個『上不怨，下不尤』，是不願乎其外道理；孟子說個『仰不愧，俯不怍』，是素位而行道理，此二意常相須。

天理本自廉退，而吾又處之以疏；人欲本善夤緣，而吾又狎之以親。小人滿方寸，而君子在千里之外矣，欲身之修，得乎？故學者與天理處，始則敬之如師保，既而親之如骨肉，久則渾化為一體。人欲雖欲乘間而入也，無從矣。

氣忌盛，心忌滿，才忌露。

外勍敵五：聲色、貨利、名位、患難、晏安。內勍敵五：惡怒、喜好、牽纏、褊急、積慣。世君子終日被這個昏惑凌駕，此小勇者之所納款，而大勇者之所務克也。

玄奇之疾，醫以平易；英發之疾，醫以深沉；闊大之疾，醫以充實。不遠之復，不若未行之審也。

奮始怠終，修業之賊也；緩前急後，應事之賊也；躁心浮氣，畜德之賊也；疾言厲色，處眾之賊也。

名心盛者必作偽。

做大官底，是一樣家數，做好人底，是一樣家數。

見義不為，又托之違眾，此力行者之大戒也。若肯務實，又自逃名，不患於無術，吾竊以自恨焉。

「恭、敬、謙、謹」，此四字有心之善也；「狎、侮、傲、凌」，此四字有心之惡也，人所易知也。至於「怠、忽、惰、慢」，此四字乃無心之失耳。而丹書之戒，怠勝敬者凶，論治忽者，至分存亡；《大學》以傲惰同論；曾子以暴慢連語者，何哉？蓋天下之禍患皆起於四字，一身之罪過皆生於四字，怠則一切苟且，忽則一切昏忘，惰則一切疏懶，慢則一切延遲。以之應事，則萬事皆廢，以之接人，則眾心皆離。古人臨民如馭朽索，使人如承大祭，況接平交以上者乎？古人處事，不泄邇，不忘遠，況目前之親切重大者乎？故曰「無眾寡，無大小，無敢慢」，此九字，即「毋不敬」。「毋不敬」三字，非但聖狂之分，存亡、治亂、死生、禍福之關也，必然不易之理也。沉心精應者，始真知之。

人一生大罪過只在「自是、自私」四字。

古人慎言，每云「有餘不敢盡」。今人只盡其餘，還不成大過。只是附會支吾，心知其非，而取辯於口，不至屈人不止，則又盡有餘者之罪人也。

真正受用處，十分用不得一分，那九分都無些干係。而拼死忘生、忍辱動氣以求之者，皆九分也，何術悟得他醒？可笑可歎！

貧不足羞，可羞是貧而無志；賤不足惡，可惡是賤而無能；老不足歎，可歎是老而虛生；死不足悲，可悲是死而無聞。

聖人之聞善言也，欣欣然惟恐尼之，故和之以同言，以開其樂告之誠；聖人之聞過言也，引引然惟恐拂之，故內之以溫色，以誘其忠告之實。何也？進德改過為其有益於我也。此之謂至知。

古者招隱逸，今也獎恬退，吾黨可以愧矣。古者隱逸養道，不得已而後出；今者恬退養望，邀虛名以干進，吾黨可以戒矣。

喜來時一點檢，怒來時一點檢，怠惰時一點檢，放肆時一點檢，此是省察大條款。人到此多想不起、顧不得，一錯了，便悔不及。

治亂繫所用事。天下國家，君子用事則治，小人用事則亂；一身，德性用事則治，氣習用事則亂。

難管底是任意，難防底是慣病。此處著力，便是穴上著針、癢處著手。

試點檢終日說話，有幾句恰好底，便見所養。

業刻木如鋸齒，古無文字，用以記日行之事數也。一事畢則去一刻，事俱畢則盡去之，謂之修業。更事則再刻如前。大事則大刻，謂之大業；多事則多刻，謂之廣業。士農工商所業不同，謂之常業。農為士則改刻，謂之易業。古人未有一生無所業者，未有一日不修業者，故古人身修事理，而無怠惰荒寧之時，常有憂勤惕勵之志。一日無事則一日不安，懼業之不修而曠日之不可也。今也昏昏蕩蕩，四肢不可收拾，窮年終日無一猷為，放逸而入於禽獸者，無業之故也。人生兩間，無一事可見，無一善可稱，資衣藉食於人，而偷安惰行以死，可羞也已。

古之謗人也，忠厚誠篤。《株林》之語，何等渾涵！輿人之謠，猶道實事。後世則不然，所怨在此，所謗在彼。彼固知其所怨者未必上之非，而其謗不足以行也，乃別生一項議論。其才辯附會，足以泯吾怨之之實，啟人信之之心，能使被謗者不能免謗之之禍，而我逃謗人之罪。嗚呼！今之謗，雖古之君子且避忌之矣。聖賢處謗無別法，只是自修，其禍福則聽之耳。

處利，則要人做君子，我做小人；處名，則要人做小人，我做君子，斯惑之甚也。聖賢處利讓利，處名讓名，故淡然恬然，不與世忤。

任教萬分矜持，千分點檢，裡面無自然根本，倉卒之際、忽突之頃，本態自然露出。是以君子慎獨。獨中只有這個，發出來只是這個，何勞迴護？何用支吾？

力有所不能，聖人不以無可奈何者責人；心有所當盡，聖人不以無可奈何者自諉。

或問：「孔子緇衣羔裘，素衣麑裘，黃衣狐裘，無乃非位素之義與？」曰：「公此問甚好。慎修君子，寧失之儉素不妨。若論大中至正之道，得之為有財，卻儉不中禮，與無財不得為，而侈然自奉者，相去雖遠，而失中則均。聖賢不諱奢之名，不貪儉之美，只要道理上恰好耳。」

寡恩曰薄，傷恩曰刻，盡事曰切，過事曰激。此四者，寬厚之所深戒也。

《易》稱「道濟天下」，而吾儒事業，動稱行道濟時、濟世安民。聖人未嘗不貴濟也。舟覆矣，而保得舟在，謂之濟可乎？故為天下者，患知有其身，有其身不可以為天下。

萬物安於知足，死於無厭。

足恭過厚，多文密節，皆名教之罪人也。聖人之道，自有中正。彼鄉愿者，徼名懼譏，希進求榮，辱身降志，皆所不恤，遂成舉世通套。雖直道清節之君子，稍無砥柱之力，不免逐波隨流，其砥柱者，旋以得罪。嗟夫！佞風諛俗，不有持衡當路者，一極力挽回之，世道何時復古耶？

時時體悉人情，念念持循天理。

愈進修愈覺不長，愈點檢愈覺有非。何者？不留意作人，自家盡看得過；只日日留意向上，看得自家都是病痛。那有些好處？初頭只見得人欲中過失，到久久又見得天理中過失，到無天理過失，則中行矣。又有不自然、不渾化、著色吃力過失，走出這個邊境才是聖人，能立無過之地。故學者以有一善自多、以寡一過自幸，皆無志者也。急行者，只見道遠而足不前，急耘者，只見草多而鋤不利。

禮義之大防，壞於眾人一念之苟。譬如由徑之人，只為一時倦行幾步，便平地踏破一條蹊徑。後來人跟尋舊跡，踵成不可塞之大道。是以君子當眾人所驚之事，略不動容，才干礙禮義上些須，便愕然變色，若觸大刑憲然，懼大防之不可潰，而微端之不可開也。嗟夫！此眾人之所謂迂而不以為重輕者也。此開天下不可塞之釁者，自苟且之人始也。

大行之美，以孝為第一；細行之美，以廉為第一。此二者，君子之所務敦也。然而不辨之申生，不如不告之舜，井上之李，不如受饋之鵝。此二者，孝廉之所務辨也。

吉凶禍福，是天主張，毀譽予奪，是人主張，立身行己，是我主張。此三者，不相奪也。

不得罪於法易，不得罪於理難。君子只是不得罪於理耳。

凡在我者都是分內底，在天、在人者都是分外底。學者要明於內外之分，則在內缺一分便是不成人處，在外得一分便是該知足處。

聽言觀行，是取人之道；樂其言而不問其人，是取善之道。今人惡聞善言，便訑訑曰：「彼能言而行不逮，言何足取？」是弗思也。吾之聽言也，為其言之有益於我耳。苟益於我，人之賢否奚問焉？衣敝枲者市文繡，食糟糠者市粱肉，將以人棄之乎？

取善而不用，依舊是尋常人，何貴於取？譬之八珍方丈而不下箸，依然餓死耳。

有德之容，深沉凝重，內充然有餘，外闃然無跡。若面目都是精神，即不出諸口，而漏洩已多矣。畢竟是養得浮淺，譬之無量人，一杯酒便達於面目。

人人各有一句終身用之不盡者，但在存心著力耳。或問之，曰：「只是對症之藥便是。」

如子張只消得『存誠』二字，宰我只消得『警惰』二字，子路只消得『擇善』二字，子夏只消得『見大』二字。」

言一也，出由之口，則信且從；出跖之口，則三令五申，而人且疑之矣。故有言者，有所以重其言者。素行孚人，是所以重其言者也。不然，且為言累矣。

世人皆知笑人，笑人不妨，笑到是處便難，到可以笑人時則更難。

毀我之言可聞，毀我之人不必問也。使我有此事也，彼雖不言，必有言之者。我聞而改之，是又得一不受業之師也。使我無此事耶，我雖不辯，必有辯之者。若聞而怒之，是又多一不受言之過也。

精明，世所畏也，而暴之；才能，世所妒也，而市之，不沒也夫！

只一個貪愛心，第一可賤可恥。羊馬之於水草，蠅蟻之於腥羶，蜣螂之於積糞，都是這個念頭。是以君子制欲。

清議酷於律令，清議之人，酷於治獄之吏。律令所冤，賴清議以明之，雖死猶生也；清議所冤，萬古無反案矣。是以君子不輕議人，懼冤之也。惟此事得罪於天甚重，報必及之。

權貴之門，雖係通家知己，也須見面稀、行蹤少就好。嘗愛唐詩有「終日帝城裡，不識五侯門」之句，可為新進之法。

聞世上有不平事，便滿腔憤懣，出激切之語，此最淺夫薄子，士君子之大戒。

仁厚刻薄是修短關，行止語默是禍福關，勤惰儉奢是成敗關，飲食男女是死生關。

言出諸口，身何與焉？而身亡。五味宜於口，腹何知焉？而腹病。小害大，昭昭也，而人每縱之徇之，恣其所出，供其所入。

渾身都遮蓋得，惟有面目不可掩。面目者，公之證也。即有厚貌者，卒然難做預備，不覺心中事都發在面目上。故君子無愧心則無怍容。中心之達，達以此也，肺肝之視，視以此也。此修己者之所畏也。

韋弁布衣，是我生初服，不愧此生，儘可以還大造。軒冕是甚物事？將個丈夫來做壞了，有甚面目對那青天白日？是宇宙中一腐臭物也，乃揚眉吐氣，以此誇人，而世人共榮慕之，亦大異事。

多少英雄豪傑可與為善，而卒無成，只為拔此身於習俗中不出。若不恤群謗，斷以必行，以古人為契友，以天地為知己，任他千誣萬毀何妨？

為人無復揚善者之心，無實稱惡者之口，亦可以語真修矣。

身者，道之輿也。身載道以行，道非載身以行也。故君子道行，則身從之以進；道不行，則身從之以退。道不行而求進不已，譬之大賈，百貨山積不售，不載以歸，而又以空輿僱錢也；販夫笑之，貪鄙孰甚焉？故出處之分，只有工語：道行則仕，道不行則捲而懷之。捨是皆非也。

世間至貴，莫如人品與天地參，與古人友，帝王且為之屈，天下不易其守。而乃以聲色、財貨、富貴、利達，輕輕將個人品賣了，此之謂自賤。商賈得奇貨亦須待價，況士君子之身乎？

修身，以不護短為第一長進人。能不護短，則長進至矣。

世有十態，君子免焉：無武人之態（粗豪）、無婦人之態（柔懦）、無兒女之態（嬌稚）、無市井之態（貪鄙）、無俗子之態（庸陋）、無蕩子之態（儇佻）、無伶優之態（滑稽）、無閭閻之態（村野）、無堂下人之態（局迫）、無婢子之態（卑諂）、無偵諜之態（詭暗）、無商賈之態（衒售）。

作本色人，說根心話，幹近情事。

君子有過不辭謗，無過不反謗，共過不推謗。謗無所損於君子也。

惟聖賢終日說話，無一字差失。其餘都要擬之而後言，有餘不敢盡，不然，未有無過者。故惟寡言者寡過。

心無留言，言無擇人，雖露肺肝，君子不取也。彼固自以為光明矣，君子何嘗不光明？自不輕言，言則心口如一耳。

保身底是德義，害身底是才能。德義中之才能，嗚呼！免矣。

恒言「疏懶勤謹」，此四字每相因。懶生疏，謹自勤。聖賢之身，豈生而惡逸好勞哉？知天下皆惰慢，則百務廢弛，而亂亡隨之矣。先正云：「古之聖賢，未嘗不以怠惰荒寧為懼，勤勵不息自強」；曰懼、曰強，而聖賢之情見矣，所謂憂勤惕勵者也。惟憂故勤，惟惕故勵。

謔非有道之言也。孔於豈不戲？竟是道理上脫灑。今之戲者，媟矣，即有滑稽之巧，亦近俳優之流，凝靜者恥之。

無責人，自修之第一要道；能體人，養量之第一要法。

予不好走貴公之門，雖情義所關，每以無謂而止。或讓之，予曰：「奔走貴公，得不謂其喜乎？」或曰：「懼彼以不奔走為罪也。」予歎曰：「不然。貴公之門，奔走如市，彼固厭苦之，甚者見於顏面，但渾厚忍不發於聲耳。徒輸自己一勤勞，徒增貴公一厭惡。且入門一揖之後，賓主各無可言，此面愧赧已無發付處矣。予恐初入仕者犯於眾套，而不敢獨異，故發明之。」

亡我者，我也。人不自亡，誰能亡之？

沾沾煦煦，柔潤可人，丈夫之大恥也。君子豈欲與人乖戾？但自有正情真味，故柔嘉不是軟美，自愛者不可不辨。

士大夫一身，斯世之奉弘矣。不蠶織而文繡，不耕畜而膏粱，不僱貸而車馬，不商販而積蓄，此何以故也？乃於世分毫無補，慚負兩間人，又以大官詫市井兒，蓋棺有餘愧矣。

且莫論身體力行，只聽隨在聚談間，曾幾個說天下、國家、身心、性命正經道理？終日嘵嘵刺刺，滿口都是閒談亂談。吾輩試一猛省，士君子在天地間，可否如此度日？

君子慎求人，講道問德，雖屈己折節，自是好學者事。若富貴利達，向人開口，最傷士氣，寧困頓沒齒也。

言語之惡，莫大於造誣，行事之惡，莫大於苛刻；心術之惡，莫大於深險。

自家才德，自家明白的。才短德微，即卑官薄祿，已為難稱。若已逾涘分而觖望無窮，卻是難為了造物。孔孟身不遇，又當如何？

不善之名，每成於一事，後有諸長，不能掩也；而惟一不善傳。君子之動可不慎與？

一日與友人論身修道理，友人曰：「吾老矣。」某曰：「公無自棄。平日為惡，即屬纊時幹一好事，不失為改過之鬼，況一息尚存乎？」

既做人在世間，便要勁爽爽、立錚錚的。若如春蚓秋蛇，風花雨絮，一生靠人作骨，恰似世上多了這個人。

有人於此，精密者病其疏，靡綺者病其陋，繁縟者病其簡，謙恭者病其倨，委曲者病其直，無能可於一世之人，奈何？曰：一身怎可得一世之人，只自點檢吾身，果如所病否？若以一身就眾口，孔子不能，即能之，成個甚麼人品？故君子以中道為從違，不以眾言為憂喜。

夫禮非徒親人，乃君子之所以自愛也；非徒尊人，乃君子之所以敬身也。

君子之出言也，如嗇夫之用財；其見義也，如貪夫之趨利。

古之人勤勵，今之人惰慢。勤勵，故精明而德日修；惰慢，故昏蔽而欲日肆。是以聖人貴憂勤惕勵。

先王之禮文用以飾情，後世之禮文用以飾偽。飾情則三千三百，雖至繁也，不害其為率真；飾偽則雖一揖一拜，已自多矣。後之惡飾偽者，乃一切苟簡決裂，以潰天下之防，而自謂之率真，將流於伯子之簡而不可行，又禮之賊也。

清者，濁所妒也，而又激之，淺之乎其為量矣。是故君子於己諱美，於人藏疾。若有激濁之任者，不害其為分曉。

處世以譏訕為第一病痛。不善在彼，我何與焉？

余待小人不能假辭色，小人或不能堪。年友王道源危之曰：「今世居官切宜戒此。法度是朝廷的，財貨是百姓的，真借不得人情。至於辭色，卻是我的；假借些兒何害？」余深感之，因識而改焉。

剛、明，世之礙也。剛而婉，明而晦，免禍也夫！

君子之所持循，只有兩條路：非先聖之成規，則時王之定制。此外悉邪也、俗也，君子不由。

非直之難，而善用其直之難；非用直之難，而善養其直之難。

處身不妨於薄，待人不妨於厚；責己不妨於厚，責人不妨於薄。

坐於廣眾之中，四顧而後語，不先聲，不揚聲，不獨聲。

苦處是正容謹節，樂處是手舞足蹈。這個樂又從那苦處來。

滑稽談諧，言畢而左右顧，惟恐人無笑容，此所謂巧言令色者也。小人側媚皆此態耳。小子戒之。

人之視小過也，愧作悔恨如犯大惡，夫然後能改。無傷二字，修己者之大戒也。

有過是一過，不肯認過又是一過。一認則兩過都無，一不認則兩過不免。彼強辯以飾非者，果何為也？

一友與人爭，而歷指其短。予曰，「於十分中，君有一分不是否？」友曰：「我難說沒一二分。」予曰：「且將這一二分都沒了，才好責人。」

余二十年前曾有心跡雙清之志，十年來有四語云：「行欲清，名欲濁；道欲進，身欲退；利欲後，害欲前；人欲豐，己欲約。」近看來，太執著，大矯激，只以無心任自然，求當其可耳。名跡一任去來，不須照管。

君子之為善也，以為理所當為，非要福，非干祿；其不為不善也，以為理所不當為，非懼禍，非遠罪。至於垂世教，則諄諄以禍福刑賞為言。此天地聖王勸懲之大權，君子不敢不奉若而與眾共守也。

茂林芳樹，好鳥之媒也；污池濁渠，穢蟲之母也，氣類之自然也。善不與福期，惡不與禍招。君子見正人而合，邪人見憸夫而密。

吾觀於射，而知言行矣。夫射審而後發，有定見也；滿而後發，有定力也。夫言能審滿，則言無不中；行能審滿，則行無不得。今之言行，皆亂放矢也，即中，幸耳。

蝸以涎見覓，蟬以聲見黏，螢以光見獲。故愛身者，不貴赫赫之名。

大相反者大相似，此理勢之自然也。故怒極則笑，喜極則悲。

敬者，不苟之謂也，故反苟為敬。

多門之室生風，多口之人生禍。

磨磚砌壁不塗以堊，惡掩其真也。一堊，則人謂糞土之牆矣。凡外飾者，皆內不足者。

至道無言，至言無文，至文無法。

苦毒易避，甘毒難避。晉人之璧馬，齊人之女樂，越人之子女玉帛，其毒甚矣，而愚者如飴，即知之亦不復顧也。由是推之，人皆有甘毒，不必自外饋，而眈眈求之者且眾焉。豈獨虞人、魯人、吳人愚哉？知味者可以懼矣。

好逸惡勞，甘食悅色，適己害群，擇便逞忿，雖鳥獸亦能之。靈於萬物者，當求有別，不然，類之矣。且鳳德麟仁，鶴清豸直，烏孝雁貞，苟擇鳥獸之有知者而效法之，且不失為君子矣。可以人而不如乎？

萬事都要個本意；宮室之設，只為安居；衣之設，只為蔽體；食之設，只為充饑；器之設，只為利用；妻之設，只為有後。推此類不可盡窮。苟知其本意，只在本意上求，分外的都是多了。

士大夫殃及子孫者有十：一曰優免太侈，二曰侵奪太多，三曰請托滅公，四曰恃勢凌人，五曰困累鄉黨，六曰要結權貴、損國病人，七曰盜上剝下、以實私橐，八曰簧鼓邪說、搖亂國是，九曰樹黨報復、陰中善人，十曰引用邪昵、虐民病國。

兒輩問立身之道。曰：「本分之內，不欠纖微；本分之外，不加毫末。今也舍本分弗圖，而加於本分之外者，不啻千萬矣。內外之分，何處別白？況敢問纖微毫末間耶？」

智者不與命鬥，不與法鬥，不與理鬥，不與勢鬥。

學者事事要自責，慎無責人。人不可我意，自是我無量；我不可人意，自是我無能。時時自反，才德無不進之理。

氣質之病小，心術之病大。

童心俗態，此二者士人之大恥也。二恥不服，終不可以入君子之路。

習威儀容止甚不打緊，必須是瑟僩中發出來，才是盛德光輝。那個不嚴厲？不放肆？莊重不為矜持，戲濾不為媟慢，惟有道者能之，惟有德者識之。

容貌要沉雅自然，只有一些浮淺之色，作為之狀，便是屋漏少工夫。

德不怕難積，只怕易累。千日之積，不禁一日之累，是故君子防所以累者。

枕席之言，房闈之行，通乎四海。牆卑室淺者無論，即宮禁之深嚴，無有言而不知，動而不聞者。士君子不愛名節則已，如有一毫自好之心，幽獨盲動可不慎與？

富以能施為德，貧以無求為德，貴以下人為德，賤以忘勢為德。

入廟不期敬而自敬，入朝不期肅而自肅，是以君子慎所入也。見嚴師則收斂，見狎友則放恣，是以君子慎所接也。

《氓》之詩，悔恨之極也，可為士君子殷鑒，當三復之。唐詩有云：「兩落不上天，水覆難再收。」又近世有名言一偶云：「一失腳為千古恨，再回頭是百年身。」此語足道《氓》詩心事，其曰亦已焉哉。所謂何嗟及矣，無可奈何之辭也。

平生所為，使怨我者得以指摘，愛我者不能掩護，此省身之大懼也。士君子慎之。故我無過，而謗語滔天，不足諒也，可談笑而受之；我有過，而幸不及聞，當寢不貼席、食不下咽矣。是以君子貴無惡於志。

謹言慎動，省事清心，與世無礙，與人無求，此謂小跳脫。

身要嚴重，意要安定，色要溫雅，氣要和平，語要簡切，心要慈祥，志要果毅，機要縝密。

善養身者，饑渴、寒暑、勞役，外感屢變，而氣體若一，未嘗變也；善養德者，死生、榮辱、夷險，外感屢變，而意念若一，未嘗變也。夫藏令之身，至發揚時而解㑊；長令之身，至收斂時而鬱閼，不得謂之定氣。宿稱鎮靜，至倉卒而色變；宿稱淡泊，至紛華而心動，不得謂之定力。斯二者，皆無養之過也。

裡面要活潑於規矩之中，無令怠忽；外面要溜脫於禮法之中，無令矯強。

四十以前養得定，則老而愈堅；養不定，則老而愈壞。百年實難，是以君子進德修業，貴及對也。

涵養如培脆萌，省察如搜田蠹，克治如去盤根。涵養如女子坐幽閨，省察如邏卒緝奸細，克治如將軍戰勍敵。涵養用勿忘勿助工夫，省察用無怠無荒工夫，克治用是絕是忽工夫。

世上只有個道理是可貪可欲的，初不限於取數之多，何者？所性分定，原是無限量的，終身行之不盡。此外都是人欲，最不可萌一毫歆羨心。天之生人各有一定的分涯，聖人制人，各有一定的品節，譬之擔夫欲肩輿，丐人欲鼎食，徒爾勞心，竟亦何益？嗟夫！篡奪之所由生，而大亂之所由起，皆恥其分內之不足安，而惟見分外者之可貪可欲故也。故學者養心，先要個知分。知分者，心常寧，欲常得，所欲得，自足以安身利用。

心術以光明篤實為第一，容貌以正大老成為第一，言語以簡重真切為第一。

學者只把性分之所固有，職分之所當為；時時留心，件件努力，便駸駸乎聖賢之域。非此二者，皆是對外物，皆是妄為。

進德莫如不苟，不苟先要個耐煩。今人只為有躁心而不耐煩，故一切苟且，卒至破大防而不顧，棄大義而不為，其始皆起於一念之苟也。

不能長進，只為昏弱兩字所苦。昏宜靜以澄神，神定則漸精明；弱宜奮以養氣，氣壯則漸強健。

一切言行，只是平心易氣就好。

恣縱既成，不惟禮法所不能制，雖自家悔恨，亦制自家不得。善愛人者，無使恣縱；善自愛者，亦無使恣縱。

天理與人欲交戰時，要如百戰健兒，九死不移，百折不回，其奈我何？如何堂堂天君，卻為人欲臣僕？內款受降，腔子中成甚世界？

有問密語者，囑曰：「望以實心相告！」余笑曰：「吾內有不可瞞之本心，上有不可欺之天日，在本人有不可掩之是非，在通國有不容泯之公論，一有不實，自負四愆矣。何暇以貌言誑門下哉？」士君子澡心浴德，要使咳唾為玉，便溺皆香，才見工夫圓滿。若靈台中有一點污濁，便如瓜蒂藜蘆，入胃不嘔吐盡不止，豈可使一刻容留此中耶？夫如是，然後圂涵廁可沉，緇泥可入。

與其抑暴戾之氣，不若養和平之心；與其裁既溢之恩，不若絕分外之望；與其為後事之厚，不若施先事之薄；與其服延年之藥，不若守保身之方。

猥繁拂逆，生厭嗯心，奮守耐之力；柔豔芳濃，生沾惹心，奮跳脫之力；推挽衝突，生隨逐心，奮執持之力；長途末路，生衰歇心，奮鼓舞之力；急遽疲勞，生苟且心，奮敬慎之力。

進道入德，莫要於有恒。有恒則不必欲速，不必助長，優優漸漸，自到神聖地位。故天道只是個恒，每日定準是三百六十五度四分度之一，分毫不損不加，流行不緩不急，而萬古常存，萬物得所。只無恒了，萬事都成不得。余最坐此病。古人云：「有勤心，無遠道。」只有人勝道，無道勝人之理。

士君子只求四真：真心、真口、真耳、真眼。真心，無妄念；真口，無雜語；真耳，無邪聞；真眼，無錯識。

愚者人笑之，聰明者人疑之。聰明而愚，其大智也。夫《詩》云：「靡哲不愚」，則知不愚非哲也。

以精到之識，用堅持之心，運精進之力，便是金石可穿，豚魚可格，更有甚麼難做之事功？難造之聖神？士君子碌碌一生，百事無成，只是無志。

其有善而彰者，必其有惡而揜者也。君子不彰善以損德，不揜惡以長慝。

余日日有過，然自信過發吾心，如清水之魚，才發即見，小發即覺，所以卒不得遂其豪悍，至流浪不可收拾者。胸中是非，原先有以照之也。所以常發者何也？只是心不存，養不定。

才為不善，怕污了名兒，此是徇外心，苟可瞞人，還是要做；才為不善，怕污了身子，此是為己心，即人不知，成為人疑謗，都不照管。是故欺大庭易，欺屋漏難；欺屋漏易，欺方寸難。

吾輩終日不長進處，只是個「怨尤」兩字，全不反己。聖賢學問，只是個自責自盡，自責自盡之道，原無邊界，亦無盡頭。若完了自家分數，還要聽其在天在人，不敢怨尤。況自家舉動，又多鬼責人非底罪過，卻敢怨尤耶？以是知自責自盡底人，決不怨尤；怨尤底人，決不肯自責自盡。吾輩不可不自家一照看，才照看，便知天人待我原不薄惡，只是我多慚負處。

果是瑚璉，人不忍以盛腐殠；果是荼蓼，人不肯以薦宗祊；履也，人不肯以加諸首；冠也，人不忍以籍其足。物猶然，而況於人乎？榮辱在所自樹，無以致之，何由及之？此自修者所當知也。

無以小事動聲色，褻大人之體。

立身行己，服人甚難，也要看甚麼人不服，若中道君子不服，當蚤夜省惕。其意見不同、性術各別、志向相反者，只要求我一個是，也不須與他別自理會。

其惡惡不嚴者，必有惡於已者也；其好善不亟者，必無善於已者也。仁人之好善也，不啻口出；其惡惡也，迸諸四夷不與同中國。孟子曰：「無羞惡之心，非人也。」則惡惡亦君子所不免者，但恐為己私作惡，在他人非可惡耳。若民之所惡而不惡；謂為民之父母可乎？

世人糊塗，只是抵死沒自家不是，卻不自想，我是堯舜乎？果是堯舜，真是沒一毫不是？我若是湯武，未反之前也有分毫錯誤。如何盛氣拒人，巧言飾己，再不認一分過差耶？

懶散二字，立身之賊也。千德萬業，日怠廢而無成；千罪萬惡，日橫恣而無制，皆此二字為之。西晉仇禮法而樂豪放，病本正在此。安肆日偷。安肆，懶散之謂也。此聖賢之大成也。「甚麼降伏得此之字？」曰「勤慎」。勤慎者，敬之謂也。

不難天下相忘，只怕一人竊笑。夫舉世之不聞道也久矣，而聞道者未必無人。苟為聞道者所知，雖一世非之可也；苟為聞道者所笑，雖天下是之，終非純正之學。故曰：「眾皆悅之，其為士者笑之」，有識之君子，必不以眾悅博一笑也。

以聖賢之道教人易，以聖賢之道治人難，以聖賢之道出口易，以聖賢之道躬行難；以聖賢之道奮始易，以聖賢之道克終難；以聖賢之道當人易，以聖賢之道慎獨難；以聖賢之道口耳易，以聖賢之道心得難；以聖賢之道處常易，以聖賢之道處變難。過此六難，真到聖賢地步。區區六易，豈不君子路上人？終不得謂篤實之士也。

山西臬司書齋，余新置一榻銘於其上，左曰：「爾酣餘夢，得無有宵征露宿者乎？爾炙重衾，得無有抱肩裂膚者乎？古之人臥八埏於襁褓，置萬姓於衽席，而後突然得一夕之安。嗚呼！古之人亦人也夫？古之民亦民也夫？」右曰：「獨室不觸欲，君子所以養精；獨處不交言，君子所以養氣；獨魂不著礙，君子所以養神；獨寢不愧衾，君子所以養德。」

慎者之有餘，足以及人；不慎者之所積，不能保身。

近世料度人意，常向不好邊說去，固是衰世人心無忠厚之意。然士君子不可不自責。若是素行孚人，便是別念頭人亦向好邊料度，何者？所以自立者，足信也。是故君子慎所以立。

人不自愛，則無所不為；過於自愛，則一無可為。自愛者，先占名，實利於天下國家，而跡不足以白其心，則不為；自愛者，先占利，有利於天下國家，而有損於富貴利達，則不為。上之者即不為富貴利達，而有累於身家妻子則不為。天下事，待其名利兩全而後為之，則所為者無幾矣。

與其喜聞人之過，不若喜聞己之過；與其樂道己之善，不若樂道人之善。

要非人，先要認的自家是個甚麼人；要認的自家，先看古人是個甚麼人。

口之罪，大於百體，一進去，百川灌不滿，一出來，萬馬追不回。

家長不能令人敬，則教令不行？不能令人愛，則心志不孚。

自心得者，尚不能必其身體力行，自耳目入者，欲其勉從而強改焉，萬萬其難矣。故三達德不恃知也，而又欲其仁；不恃仁也，而又欲其勇。

合下作人，自有作人道理，不為別個。

認得真了，便要不俟終日，坐以待旦，成功而後止。

人生惟有說話是第一難事。

或問修己之道。曰：「無鮮克有終。」問治人之道。曰：「無忿疾於頑。」

人生天地間，要做有益於世底人。縱沒這心腸、這本事，也休作有損於世底人。

說話如作文字，字在心頭打點過，是心為草稿，而口謄真也，猶不能無過，而況由易之言，真是病狂喪心者。

心不堅確，志不奮揚，力不勇猛，而欲徙義改過，雖千悔萬悔，竟無補於分毫。

人到自家沒奈自家何時，便可慟哭。

福莫美於安常，禍莫危於盛滿。天地間萬物萬事，未有盛滿而不衰者也。而盛滿各有分量，惟智者能知之。是故卮以一勺為盛滿，甕以數石為盛滿；有甕之容而懷勺之懼，則慶有餘矣。

禍福是氣運，善惡是人事。理常相應，類亦相求。若執福善禍淫之說，而使之不爽，則為善之心衰矣。大段氣運只是偶然，故善獲福、淫獲禍者半，善獲禍、淫獲福者亦半，不善不淫而獲禍獲福者亦半，人事只是個當然。善者獲福，吾非為福而修善；淫者獲禍，吾非為禍而改淫。善獲禍而淫獲福，吾寧善而處禍，不肯淫而要福。是故君子論天道不言禍福，論人事不言利害。自吾性分當為之外，皆不庸心，其言禍福利害，為世教發也。

自天子以至於庶人，來有無所畏而不亡者也。天子者，上畏天，下畏民，畏言官於一時，畏史官於後世。百官畏君，群吏畏長吏，百姓畏上，君子畏公議，小人畏刑，子弟畏父兄，卑幼畏家長。畏則不敢肆而德以成，無畏則從其所欲而及於禍。非生知，安行之？聖人未有無所畏，而能成其德者也。

物忌全盛，事忌全美，人忌全名。是故天地有欠缺之體，聖賢無快足之心。而況瑣屑群氓，不安淺薄之分，而欲滿其難厭之欲，豈不安哉？是以君子見益而思損，持滿而思溢，不敢恣無涯之望。

靜定後，看自家是甚麼一個人。

少年大病，第一怕是氣高。

余參政東藩日，與年友張督糧臨碧在座。余以朱判封，筆濃字大，臨碧曰：「可惜！可惜！」余擎筆舉手曰：「年兄此一念，天下受其福矣。判筆一字所費絲毫硃耳，積日積歲，省費不知幾萬倍。克用硃之心，萬事皆然。天下各衙門積日積歲，省費又不知幾萬倍。且心不侈然自放，足以養德；財不侈然浪費，足以養福。不但天物不宜暴殄，民膏不宜慢棄而已。」夫事有重於費者，過費不為奢；省有不廢事者，過省不為吝。余在撫院日，不儉於紙，而戒示吏書片紙皆使有用。比見富貴家子弟，用財貨如泥沙，長餘之惠既不及人，有用之物皆棄於地，胸中無不忍一念，口中無可惜兩字。人或勸之，則曰：「所值幾何？」余嘗號為溝壑之鬼，而彼方侈然自快，以為大手段，不小家勢。痛哉！兒曹志之。

言語不到千該萬該，再休開口。

今人苦不肯謙，只要拿得架子定，以為存體。夫子告子張從政，以無小大、無眾寡、無敢慢為不驕，而周公為相，吐握下白屋。甚者父師有道之君子，不知損了甚體？若名分所在，自是貶損不得。

過寬殺人，過美殺身。是以君子不縱民情以全之也，不盈己欲以生之也。

閨門之事可傳，而後知君子之家法矣；近習之人起敬，而後知君子之身法矣。其作用處，只是無不敬。

宋儒紛紛聚訟語，且莫理會，只理會自家，何等簡逕。

各自責，則天清地寧；各相責，則天翻地覆。

不逐物，是大雄力量，學者第一工夫，全在這裡做。

手容恭，足容重，頭容直，口容止，坐如尸，立如齋，儼若思，目無狂視，耳無傾聽，此外景也。外景是整齊嚴肅，內景是齋莊中正，未有不整齊嚴肅而能齋莊中正者。故檢束五官百體，只為收攝此心。此心若從容和順於禮法之中，則曲肱指掌、浴沂行歌、吟風弄月、隨柳傍花，何適不可？所謂登彼岸無所事筏也。

天地位，萬物育，幾千年有一會，幾百年有一會，幾十年有一會。故天地之中和甚難。

敬對肆而言。敬是一步一步收斂向內，收斂至無內處，發出來自然暢四肢，發事業，瀰漫六合；肆是一步一步放縱外面去，肆之流禍，不言可知。所以千古聖人只一敬字為允執的關捩子。堯欽明允恭，舜溫恭允塞，禹之安汝止，湯之聖敬日躋，文之懿恭，武之敬勝，孔子之恭而安。講學家不講這個，不知怎麼做工夫。

竊歎近來世道，在上者積寬成柔，積柔成怯，積怯成畏，積畏成廢；在下者積慢成驕，積驕成怨，積怨成橫，積橫成敢。吾不知此時治體當如何反也。體面二字，法度之賊也。體面重，法度輕；法度弛，紀綱壞。昔也病在法度，今也病在紀綱。名分者，紀綱之大物也。今也在朝小臣藐大臣，在邊軍士輕主帥，在家子婦蔑父母，在學校弟子慢師，後進凌先進，在鄉里卑幼軋尊長。惟貪肆是恣，不知禮法為何物，漸不可長。今已長矣，極之必亂必亡，勢已重矣，反已難矣。無識者猶然，甚之，奈何？

禍福者，天司之；榮辱者，君司之；毀譽者，人司之；善惡者，我司之。我只理會我司，別個都莫照管。

吾人終日最不可悠悠蕩蕩，作空軀殼。

業有不得不廢時，至於德，則自有知以至無知時，不可一息斷進修之功也。

清無事澄，濁降則自清；禮無事復，己克則自復。去了病，便是好人；去了雲，便是晴天。

七尺之軀，戴天覆地，抵死不屈於人，乃自落草，以至蓋棺降志辱身、奉承物欲，不啻奴隸，到那魂升於天之上，見那維皇上帝，有何顏面？愧死！愧死！

受不得誣謗，只是無識度。除是當罪臨刑，不得含冤而死，須是辯明。若污蔑名行，閒言長語，愈辨則愈加，徒自憤懣耳。不若付之忘言，久則明也。得不明也，得自有天在耳。

作一節之士，也要成章，不成章，便是苗而不秀。

不患無人所共知之顯名，而患有人所不知之隱惡。顯明雖著遠邇，而隱惡獲罪神明。省躬者懼之。

蹈邪僻，則肆志抗顏，略無所顧忌；由義禮，則羞頭愧面，若無以自容。此愚不肖之恒態，而士君子之大恥也。

物欲生於氣質。

要得富貴福澤，天主張，由不得我；要做賢人君子，我主張，由不得天。

為惡再沒個勉強底，為善再沒個自然底。學者勘破此念頭，寧不愧奮？

不為三氏奴婢，便是兩間翁主。三氏者何？一曰氣質氏，生來氣質在身，舉動皆其作使，如勇者多暴戾，懦者多退怯是已。二曰習俗氏，世態即成，賢者不能自免，只得與世浮沉，與世依違，明知之而不能獨立。三曰物欲氏，滿世皆可殢之物，每日皆殉欲之事，疣痼流連，至死不能跳脫。魁然七尺之軀，奔走三家之門，不在此則在彼。降志辱身，心安意肯，迷戀不能自知，即知亦不愧憤，大丈夫立身天地之間，與兩儀參，為萬物靈，不能挺身自豎，而倚門傍戶於三家，轟轟烈烈，以富貴利達自雄，亦可憐矣。予即非忠藏義獲，亦豪奴悍婢也，咆哮躑躅，不能解粘去縛，安得挺然脫然獨自當家為兩間一主人翁乎！可嘆可恨。

自家作人，自家十分曉底，乃虛美薰心，而喜動顏色，是為自欺。別人作人，自家十分曉底，乃明知其惡，而譽侈口頰，是謂欺人。二者皆可恥也。

知覺二字，奚翅天淵。致了知才覺，覺了才算知，不覺算不得知。而今說瘡痛，人人都知，惟病瘡者謂之覺。今人為善去惡不成，只是不覺，覺後便由不得不為善不去惡。

順其自然，只有一毫矯強，便不是；得其本有，只有一毫增益，便不是。

度之於長短也，權之於輕重也，不爽毫髮，也要個掌尺提秤底。

四端自有分量，擴充到盡處，只滿得原來分量，再增不得些子。

見義不為，立志無恒，只是腎氣不足。

過也，人皆見之，乃見君子。今人無過可見，豈能賢於君子哉？緣只在文飾彌縫上做工夫，費盡了無限巧回護，成就了一個真小人。

自家身子，原是自己心去害他，取禍招尤，陷於危敗，更不幹別個事。

六經四書，君子之律令。小人犯法，原不曾讀法律。士君子讀聖賢書，而一一犯之，是又在小人下矣。

慎言動於妻子僕隸之間，檢身心於食息起居之際，這工夫便密了。

休諉罪於氣化，一切責之人事；休過望於世間，一切求之我身。

常看得自家未必是，他人未必非，便有長進。再看得他人皆有可取，吾身只是過多，更有長進。

理會得義命兩字，自然不肯做低人。

稠眾中一言一動，大家環向而視之，口雖不言，而是非之公自在。果善也，大家同萌愛敬之念；果不善也，大家同萌厭惡之念，雖小言動，不可不謹。

或問：「傲為凶德，則謙為吉德矣？」曰：「謙真是吉，然謙不中禮，所損亦多。」在上者為非禮之謙，則亂名份、紊紀綱，久之法令不行。在下者為非禮之謙，則取賤辱、喪氣節，久之廉恥掃地。君子接人未嘗不謹飭，持身未嘗不正大，有子曰：「恭近於禮，遠恥辱也。」孔子曰：「恭而無禮則勞。」又曰：「巧言令色足恭，某亦恥之。」曾子曰：「脅肩諂笑，病於夏畦。」君子無眾寡，無小大，無敢慢，何嘗貴傲哉？而其羞卑佞也又如此，可為立身行己者之法戒。

凡處人不繫確然之名分，便小有謙下不妨。得為而為之，雖無暫辱，必有後憂。即不論利害論道理，亦云居上不驕民，可近不可下。

只人情世故熟了，甚麼大官做不到？只天理人心合了，甚麼好事做不成？

士君子常自點檢，晝思夜想，不得一時閑，郤思想個甚事？果為天下國家乎？抑為身家妻子乎？飛禽走獸，東鶩西奔，爭食奪巢；販夫豎子，朝出暮歸，風餐水宿，他自食其力，原為溫飽，又不曾受人付托，享人供奉，有何不可？士君子高官重祿，上藉之以名份，下奉之以尊榮，為汝乎？不為汝乎？乃資權勢而營鳥哭市井之圖，細思真是愧死。

古者鄉有縉紳，家邦受其庇蔭，士民視為準繩。今也鄉有縉紳，增家邦陵奪勞費之憂，開士民奢靡浮薄之俗。然則鄉有縉紳，鄉之殃也，風教之蠹也。吾黨可自愧自恨矣。

俗氣入膏肓，扁鵲不能治。為人胸中無分毫道理，而庸調卑職、虛文濫套認之極真，而執之甚定，是人也，將欲救藥，知不可入。吾黨戒之。

士大夫居鄉，無論大有裨益，只不違禁出息，倚勢侵陵，受賄囑托，討佔夫役，無此四惡，也還算一分人。或曰：「家計蕭條，安得不治生？」曰：「治生有道，如此而後治生，無勢可藉者死乎？」或曰：「親族有事，安得不伸理？」曰：「官自有法，有訟必藉請謁，無力可通者死乎？」士大夫無窮餓而死之理，安用寡廉喪恥若是。

學者視人欲如寇仇，不患無攻治之力，只緣一向姑息他如驕子，所以養成猖獗之勢，無可奈何，故曰識不早，力不易也。制人欲在初發時，極易剿捕，到那橫流時，須要奮萬夫莫當之勇，才得濟事。

宇宙內事，皆備此身，即一種未完，一毫未盡，便是一分破綻；天地間生，莫非吾體，即一夫不獲，一物失所，便是一處瘡痍。

克一分、百分、千萬分，克得盡時，才見有生真我；退一步、百步、千萬步，退到極處，不愁無處安身。

事到放得心下，還慎一慎何妨？言於來向口邊，再思一步更好。

萬般好事說為，終日不為；百種貪心要足，何時是足？

回著頭看，年年有過差；放開腳行，日日見長進。

難消客氣衰猶壯，不盡塵心老尚童。

但持鐵石同堅志，即有金鋼不壞身。

問學

學必相講而後明，講必相宜而後盡。孔門師友不厭窮問極言，不相然諾承順，所謂審問明辨也。故當其時，道學大明，如撥雲披霧，白日青天，無纖毫障蔽。講學須要如此，無堅自是之心，惡人相直也。

熟思審處，此四字德業之首務；銳意極力，此四字德業之要務；有漸無已，此四字德業之成務；深憂過計，此四字德業之終務。

靜是個見道的妙訣，只在靜處，潛觀六合中動的機括都解破。若見了，還有個妙訣以守之，只是一，一是大根本，運這一，卻要因的通變。

學者只該說下學，更不消說上達。其未達也，空勞你說；其既達也，不須你說。故一貫惟參、賜可與，又到可語地位才語，又一個直語之，二個啟語之，便見孔子誨人妙處。

讀書人，最怕誦底是古人語，做底是自家人。這等讀書，雖閉戶十年，破卷五車，成甚麼用！

能辨真假是一種大學問。世之所抵死奔走者，皆假也。萬古惟有真之一字，磨滅不了，蓋藏不了。此鬼神之所把握，風雷之所呵護；天地無此不能發育，聖人無此不能參贊；朽腐得此可為神奇，鳥獸得此可為精怪。道也者，道此也；學也者，學此也。

或問：「孔子素位而行，非政不謀，而儒者著書立言，便談帝王之略，何也？」曰：古者十五而入大學，修齊治平，此時便要理會。故陋巷而問為邦，布衣而許南面。由、求之志富強，孔子之志三代，孟子樂「中天下而立，定四海之民」，何曾便到手？但所志不得不然。所謂「如或知爾，則何以哉」，要知「以」個甚麼。「苟有用我者，執此以往」，要知「此」是甚麼。「大人之事備矣」，要知「備」個甚麼。若是平日如醉夢，一不講求，到手如癡呆，胡亂了事，如此作人，只是一塊頑肉，成甚學者！即有聰明材辨之士，不過學眼前見識，作口頭說話，妝點支吾，亦足塞責。如此作人，只是一場傀儡，有甚實用！修業盡職之人，到手未嘗不學，待汝學成，而事先受其敝，民已受其病，尋又遷官矣。譬之饑始種粟，寒始紡綿，怎得奏功？此凡事所以貴豫也。

不由心上做出，此是噴葉學問；不在獨中慎超，此是洗面工夫，成得甚事。

「堯舜事功，孔孟學術」，此八字是君子終身急務。或問：「堯舜事功，孔孟學術，何處下手？」曰：「以天地萬物為一體，此是孔孟學術；使天下萬物各得其所，此是堯舜事功。總來是一個念頭。」

上吐下瀉之疾，雖日進飲食，無補於憔悴；入耳出口之學，雖日事講究，無益於身心。

天地萬物只是個漸，理氣原是如此，雖欲不漸不得。而世儒好講一頓字，便是無根學問。

只人人去了我心，便是天清地寧世界。

塞乎天地之間，盡是浩然了。愚謂：「根荄須栽入九地之下，枝梢須插入九天之上，橫拓須透過八荒之外，才是個圓滿工夫，無量學問。」

我信得過我，人未必信得過我，故君子避嫌。若以正大光明之心如青天白日，又以至誠惻怛之意如火熱水寒，何嫌之可避。故君子學問第一要體信，只信了，天下無些子事。

要體認，不須讀盡古今書，只一部《千字文》，終身受用不盡。要不體認，即《三墳》以來卷卷精熟，也只是個博學之士，資談口、侈文筆、長盛氣、助驕心耳。故君子貴體認。

悟者，吾心也。能見吾心，便是真悟。

明理省事，此四字學者之要務。

今人不如古人，只是無學無識。學識須從三代以上來，才正大，才中平。今只將秦漢以來見識，抵死與人爭是非，已自可笑，況將眼前聞見、自己聰明，翹然不肯下人，尤可笑也。

學者大病痛，只是器度小。

識見議論，最怕小家子勢。

默契之妙，越過六經千聖，直與天地談，又不須與天交一語，只對越仰觀，兩心一個耳。

學者只是氣盈，便不長進。含六合如一粒，覓之不見；吐一粒於六合，出之不窮，可謂大人矣。而自處如庸人，初不自表異；退讓如空夫，初不自滿足，抵掌攘臂而視世無人，謂之以善服人則可。

心術、學術、政術，此三者不可不辨也。心術要辨個誠偽，學術要辨個邪正，政術要辨個王伯。總是心術誠了，別個再不差。

聖門學問心訣，只是不做賊就好。或問之。曰：「做賊是個自欺心，自利心，學者於此二心，一毫擺脫不盡，與做賊何異？」

脫盡氣習二字，便是英雄。

理以心得為精，故當沉潛。不然，耳邊口頭也。事以典故為據，故當博洽。不然，臆說杜撰也。

天是我底天，物是我底物。至誠所通，無不感格，而乃與之扞隔抵牾，只是自修之功未至。自修到格天動物處，方是學問，方是工夫。未至於此者，自愧自責不暇，豈可又萌出個怨尤底意思？

世間事無巨細，都有古人留下底法程。才行一事，便思古人處這般事如何？才處一人，便思古人處這般人如何？至於起居、言動、語默，無不如此，久則古人與稽，而動與道合矣。其要在存心，其工夫又只在誦詩讀書時便想曰：「此可以為我某事之法，可以藥我某事之病。」如此則臨事時觸之即應，不待思索矣。

扶持資質，全在學問，任是天資近聖，少此二字不得。三代而下無全才，都是負了在天的，欠了在我的，縱做出掀天揭地事業來，仔細看他，多少病痛！

勸學者歆之以名利，勸善者歆之以福祥。哀哉！

道理書盡讀，事務書多讀，文章書少讀，閒雜書休讀，邪妄書焚之可也。

君子知其可知，不知其不可知。不知其可知則愚，知其不可知則鑿。

余有責善之友，既別兩月矣，見而問之曰：「近不聞僕有過？」友曰：「子無過。」余曰：「此吾之大過也。有過之過小，無過之過大，何者？拒諫自矜而人不敢言，飾非掩惡而人不能知，過有大於此者乎？使余即聖人也，則可。余非聖人，而人謂無過，余其大過哉！」

工夫全在冷清時，力量全在濃豔時。

萬仞崚嶒而呼人以登，登者必少。故聖人之道平，賢者之道峻。穴隙迫窄而招人以入，入者必少。故聖人之道博，賢者之道狹。

以是非決行止，而以利害生悔心，見道不明甚矣。

自天子以至於庶人，自堯舜以至於途之人，必有所以汲汲皇皇者，而後其德進，其業成。故曰：雞鳴而起，舜、跖之徒皆有所孳孳也。無所用心，孔子憂之曰：「不有博奕者乎？」懼無所孳孳者，不舜則跖也。今之君子縱無所用心，而不至於為跖，然飽食終日，惰慢彌年，既不作山林散客，又不問廟堂急務，如醉如癡，以了日月。《易》所謂「君子進德修業，欲及時也」，果是之謂乎？如是而自附於清品高賢，吾不信也。孟子論歷聖道統心傳，不出「憂勤惕勵」四字。其最親切者，曰：「仰而思之，夜以繼日；幸而得之，坐以待旦。」此四語不獨作相，士、農、工、商皆可作座右銘也。

怠惰時看工夫，脫略時看點檢，喜怒時看涵養，患難時看力量。

今之為舉子文者，遇為學題目，每以知行作比。試思知個甚麼？行個甚麼？遇為政題目，每以教養作比。試問做官養了那個？教了那個？若資口舌浮談，以自致其身，以要國家寵利，此與誆騙何異？吾輩宜惕然省矣。

聖人以見義不為屬無勇，世儒以知而不行屬無知。聖人體道有三達德，曰：智、仁、勇。世儒曰知行只是一個。不知誰說得是？愚謂：自道統初開，工夫就是兩項，曰惟精察之也，曰惟一守之也。千聖授受，惟此一道。蓋不精則為孟浪之守，不一則為想象之知。曰思，曰學，曰致知，曰力行，曰至明，曰至健，曰問察，曰用中，曰擇乎中庸、服膺勿失，曰非知之艱、惟行之艱，曰非苟知之、亦允蹈之，曰知及之、仁守之，曰不明乎善、不誠乎身。

自德性中來，生死不變；自識見中來，則有時而變矣。故君子以識見養德性。德性堅定則可生可死。

昏弱二字是立身大業障，去此二字不得，做不出一分好人。

學問之功，生知聖人亦不敢廢。不從學問中來，任從有掀天揭地事業，都是氣質作用。氣象豈不炫赫可觀，一入聖賢秤尺，坐定不妥貼。學問之要如何？隨事用中而矣。

學者，窮經博古，涉事籌今，只見日之不足，惟恐一登薦舉，不能有所建樹。仕者，修政立事，淑世安民，只見日之不足，惟恐一旦升遷，不獲竟其施為。此是確實心腸，真正學問，為學為政之得真味也。

進德修業在少年，道明德立在中年，義精仁熟在晚年。若五十以前德性不能堅定，五十以後愈懶散，愈昏弱，再休說那中興之力矣。

世間無一件可驕人之事。才藝不足驕人，德行是我性分事，不到堯舜周孔，便是欠缺，欠缺便自可恥，如何驕得人？

有希天之學，有達天之學，有合天之學，有為天之學。

聖學下手處，是無不敬；住腳處，是恭而安。

小家學問，不可以語廣大，溷障學問，不可以語易簡。

天下至精之理，至難之事，若以潛玩沉思求之，無厭無躁，雖中人以下，未有不得者。

為學第一工夫，要降得浮躁之氣定。

學者萬病，只一個靜字治得。

學問以澄心為大根本，以慎口為大節目。

讀書能使人寡過，不獨明理。此心日與道俱，邪念自不得乘之。

無所為而為，這五字是聖學根源。學者入門念頭，就要在這上做。今人說話第二三句，便落在有所為上來，只為毀譽利害心脫不去，開口便是如此。

己所獨知，盡是方便；人所不見，盡得自由。君子必兢兢然，細行必謹，小物不遺者，懼工夫之間斷也，懼善念之停息也，懼私欲之乘間也，懼自欺之萌蘖也，懼一事苟而其餘皆苟也，懼閒居忽而大庭亦忽也。故廣眾者，幽獨之證佐；言動者，意念之枝葉。意中過，獨處疏，而十目十手能指視之者，枝葉、證佐上得之也。君子奈何其慢獨？不然，苟且於人不見之時，而矜持於視爾友之際，豈得自然？豈能周悉？徒爾勞心，而慎獨君子，已見其肺肝矣。

古之學者在心上做工夫，故發之外面者，為盛德之符；今之學者在外面做工夫，故反之於心，則為實德之病。

事事有實際，言言有妙境，物物有至理，人人有處法，所貴乎學者，學此而已。無地而不學，無時而不學，無念而不學，不會其全、不詣其極不止，此之謂學者。今之學者果如是乎？留心於浩瀚博雜之書，役志於靡麗刻削之辭，耽心於鑿真亂俗之技，爭勝於煩勞苛瑣之儀，可哀矣！而醉夢者又貿貿昏昏，若癡若病，華衣甘食而一無所用心，不尤可哀哉？是故學者貴好學，尤貴知學。

天地萬物，其情無一毫不與吾身相干涉，其理無一毫不與吾身相發明。

凡字不見經傳，語不根義理，君子不出諸口。

古之君子病其無能也，學之；今之君子恥其無能也，諱之。

無才無學，士之羞也；有才有學，士之憂也。夫才學非有之為難，降伏之難。君子貴才學以成身也，非以矜己也；以濟世也，非以誇人也。故才學如劍，當可試之時一試，不則藏諸室，無以衒弄，不然，鮮不為身禍者。自古十人而十，百人而百，無一倖免，可不憂哉？

人生氣質都有個好處，都有個不好處。學問之道無他，只是培養那自家好處，捄正那自家不好處便了。

道學不行，只為自家根腳站立不住。或倡而不和，則勢孤；或守而眾撓，則志惑，或為而不成，則氣沮；或奪於風俗，則念雜。要挺身自拔，須是有萬夫莫當之勇，死而後已之心。不然，終日三五聚談，焦唇敝舌，成得甚事？

役一己之聰明，雖聖人不能智；用天下之耳目，雖眾人不能愚。

涵養不定底，自初生至蓋棺時，凡幾變？即知識已到，尚保不定，畢竟作何種人，所以學者要德性堅定。到堅定時，隨常變、窮達、生死只一般；即有難料理處，亦自無難。若平日不遇事時，盡算好人，一遇個小小題目，便考出本態，假遇著難者、大者，知成個甚麼人？所以古人不可輕易笑，恐我當此未便在渠上也。

屋漏之地可服鬼神，室家之中不厭妻子，然後謂之真學、真養。勉強於大庭廣眾之中，幸一時一事不露本象，遂稱之曰賢人，君子恐未必然。

這一口呼吸去，萬古再無復返之理。呼吸暗積，不覺白頭，靜觀君子所以撫髀而愛時也。然而愛時不同，富貴之士歎榮顯之未極，功名之士歎事業之未成，放達之士恣情於酒以樂餘年，貪鄙之士苦心於家以遺後嗣。然猶可取者，功名之士耳。彼三人者，何貴於愛時哉？惟知道君子憂年數之日促，歎義理之無窮，天生此身無以稱塞，誠恐性分有缺，不能全歸，錯過一生也。此之謂真愛時。所謂此日不再得，此日足可惜者，皆救火追亡之念，踐形盡性之心也。嗚呼！不患無時，而患棄時。苟不棄時，而此心快足，雖夕死何恨？不然，即百歲，幸生也。

身不修而惴惴焉，毀譽之是恤；學不進而汲汲焉，榮辱之是憂，此學者之通病也。

冰見烈火，吾知其易易也，然而以熾炭鑠堅冰，必舒徐而後盡；盡為寒水，又必待舒徐而後溫；溫為沸湯，又必待舒徐而後竭。夫學豈有速化之理哉？是故善學者無躁心，有事勿忘從容以俟之而已。

學問大要，須把天道、人情、物理、世故識得透徹，卻以胸中獨得中正底道理消息之。

與人為善，真是好念頭。不知心無理路者，淡而不覺；道不相同者，拂而不入。強聒雜施，吾儒之戒也。孔子啟憤發、悱復、三隅，中人以下不語上，豈是倦於誨人？謂兩無益耳。故大聲不煩奏，至教不苟傳。

羅百家者，多浩瀚之詞；工一家者，有獨詣之語。學者欲以有限之目力，而欲竟其律涯；以鹵莽之心思，而欲探其蘊奧，豈不難哉？故學貴有擇。

講學人不必另尋題目，只將四書六經發明得聖賢之道，精盡有心得。此心默契千古，便是真正學問。

善學者如鬧市求前，摩肩重足，得一步便緊一步。

有志之士要百行兼修，萬善俱足。若只作一種人，硜硜自守，沾沾自多，這便不長進。

《大學》一部書，統於明德兩字；《中庸》一部書，統於修道兩字。

學識一分不到，便有一分遮障。譬之掘河分隔，一界土不通，便是一段流不去，須是衝開，要一點礙不得。涵養一分不到，便有一分氣質。譬之燒炭成熟，一分木未透，便是一分煙不止，須待灼透，要一點煙也不得。

除了中字，再沒道理；除了敬字，再沒學問。

心得之學，難與口耳者道；口耳之學，到心得者前，如權度之於輕重短長，一毫掩護不得。

學者只能使心平氣和，便有幾分工夫。心平氣和人遇事，卻執持擔當，毅然不撓，便有幾分人品。

學莫大於明分。進德要知是性分，修業要知是職分，所遇之窮通，要知是定分。

一率作，則覺有意味，日濃日豔，雖難事，不至成功不休；一間斷，則漸覺疏離，日畏日怯，雖易事，再使繼續甚難。是以聖學在無息，聖心曰不已。一息一已，難接難起，此學者之大懼也。余平生德業無成，正坐此病。《詩》曰：「日就月將，學有緝熙於光明。」吾黨日宜三復之。

堯舜禹湯文武，全從「不自滿假」四字做出，至於孔子，平生謙退沖虛，引過自責，只看著世間有無窮之道理，自家有未盡之分量。聖人之心蓋如此。孟子自任太勇，自視太高，而孜孜向學、欲欲自嫌之意，似不見有。宋儒口中談論都是道理，身所持循亦不著世俗，豈不聖賢路上人哉？但人非堯舜，誰無氣質稍偏、造詣未至、識見未融、體驗未到、物欲未忘底過失？只是自家平生之所不足者，再不肯口中說出，以自勉自責；亦不肯向別人招認，以求相勸相規。所以自孟子以來，學問都似登壇說法，直下承當，終日說短道長，談天論性，看著自家便是聖人，更無分毫可增益處。只這見識，便與聖人作用已自不同，如何到得聖人地位？

性躁急人，常令之理紛解結；性遲緩人，常令之逐獵追奔。推此類，則氣質之性，無不漸反。

恒言「平穩」二字極可玩。蓋天下之事，惟平則穩，行險亦有得底，終是不穩。故君子居易。

二分，寒暑之中也，晝夜分停，多不過七、八日；二至，寒暑之偏也，晝夜偏長，每每二十三日。始知中道難持，偏氣易勝，天且然也。故堯舜毅然曰「允執」，蓋以人事勝耳。

裡面五分，外面只發得五分，多一氂不得；裡面十分，外面自發得十分，少一氂不得。誠之不可掩如此夫，故曰「不誠無物」。

休躡著人家腳跟走，此是自得學問。

正門學脈切近精實，旁門學脈奇特玄遠；正門工夫戒慎恐懼，旁門工夫曠大逍遙；正門宗指漸次，旁門宗指逕頓；正門造詣俟其自然，旁門造詣矯揉造作。

或問：「仁、義、禮、智發而為惻隱、羞惡、辭讓、是非，便是天則否？」曰，「聖人發出來便是天則，眾人發出來都落氣質，不免有太過不及之病。只如好生一念，豈非惻隱？至以面為犧牲，便非天則。」

學問博識強記易，會通解悟難。會通到天地萬物[已難]，解悟到幽明古今無間為尤難。

強恕是最拙底學問，三近，人皆可行，下此無工夫矣。

王心齋每以樂為學，此等學問是不會苦的甜瓜。入門就學樂，其樂也，逍遙自在耳，不自深造真積、憂勤惕勵中得來。孔子之樂以忘憂，由於發憤忘食；顏子之不改其樂，由於博約克復。其樂也，優游自得，無意於歡欣，而自不憂，無心於曠達，而自不悶。若覺有可樂，還是乍得心；著意學樂，便是助長心，幾何而不為猖狂自恣也乎？

余講學只主六字，曰天地萬物一體。或曰：「公亦另立門戶耶？」曰：「否。只是孔門一個仁字。」

無慎獨工夫，不是真學問；無大庭效驗，不是真慎獨。終日曉曉，只是口頭禪耳。

體認要嘗出悅心真味，工夫更要進到百尺竿頭，始為真儒。

向與二三子，暑月飲池上，因指水中蓮房以談學。問曰：「山中人不識蓮，於藥鋪買得乾蓮肉，食之稱美。後入市買得久摘鮮蓮，食之更稱美也。」余歎曰：「渠食池上新摘，美當何如？一摘出池，真味猶漓，若臥蓮舟，挽碧筒，就房而裂食之，美更何如？今之體認皆食乾蓮肉者也。又如這樹上胡桃，連皮吞之，不可謂之不吃，不知此果須去厚肉皮，不則麻口；再去硬骨皮，不則損牙；再去瓤上粗皮，不則澀舌；再去薄皮、內萌皮，不則欠細膩。如是而漬以蜜，煎以糖，始為盡美。今之工夫，皆囫圇吞胡桃者也。如此體認，始為精義入神；如此工夫，始為義精仁熟。」

上達無一頓底。一事有一事之上達，如灑掃應對，食息起居，皆有精義入神處。一步有一步上達，到有恒處達君子，到君子處達聖人，到湯武聖人達堯舜。堯舜自視亦有上達，自歎不如無懷葛天之世矣。

學者不長進，病根只在護短。聞一善言，不知不肯問；理有所疑，對人不肯問，恐人笑己之不知也。孔文子不恥下問，今也恥上問；顏子以能問不能，今也以不能問能。若怕人笑，比德山捧臨濟喝，法壇對眾，如何承受？這般護短，到底成個人笑之人。一笑之恥，而終身之笑，顧不恥乎？兒曹戒之。

學問之道，便是正也，怕雜。不一則不真，不真則不精。入萬景之山，處處堪遊，我原要到一處，只休亂了腳；入萬花之谷，朵朵堪觀，我原要折一枝，只休花了眼。

日落趕城門，遲一腳便關了，何處止宿？故學貴及時。懸崖抱孤樹，鬆一手便脫了，何處落身？故學貴著力。故傷悲於老大，要追時除是再生；既失於將得，要仍前除是從頭。

學問要訣只有八個字：「涵養德性，變化氣質。」守住這個，再莫向迷津問渡。

點檢將來，無愧心，無悔言，無恥行，胸中何等快樂！只苦不能，所以君子有終身之憂。常見王心齋「學樂歌」，心頗疑之，樂是自然養盛所致，如何學得。

除不了「我」，算不得學問。

學問二字原自外面得來。蓋學問之理，雖全於吾心，而學問之事，則皆古今名物，人人而學，事事而問，攢零合整，融化貫串，然後此心與道方浹洽暢快。若怠於考古，恥於問人，聰明只自己出，不知怎麼叫做學者。

聖人千言萬語，經史千帙萬卷，都是教人學好，禁人為非。若以先哲為依歸，前言為律令，即一二語受用不盡。若依舊作世上人，或更污下，即將蒼頡以來書讀盡，也只是個沒學問底人。

萬金之賈，貨雖不售不憂；販夫閉門數日，則愁苦不任矣。凡不見知而慍，不見是而悶，皆中淺狹而養不厚者也。

善人無邪夢，夢是心上有底。男不夢生子，女不夢娶妻，念不及也。只到夢境，都是道理上做。這便是許大工夫，許大造詣。

天下難降伏、難管攝底，古今人都做得來，不謂難事。惟有降伏管攝自家難，聖賢做工夫只在這裡。

吾友楊道淵常自嘆恨，以為學者讀書，當失意時便奮發，曰：「到家卻要如何？」及奮發數日，或倦怠，或應酬，則曰：「且歇下一時，明日再做。」且、卻二字循環，過了一生。予深味其言。士君子進德修業，皆為且、卻二字所牽縛，白首竟成浩嘆。果能一旦奮發有為，鼓舞不倦，除卻進德是斃而後已工夫，其餘事業，不過五年七年，無不成就之理。

君子言見聞，不言不見聞；言有益，不言不益。

對左右言，四顧無愧色；對朋友言，臨別無戒語，可謂光明矣，胸中何累之有？

學者常看得為我之念輕，則欲念自薄，仁心自達。是以為仁工夫曰「克己」，成仁地位曰「無我」。

天下事皆不可溺，惟是好德欲仁不嫌於溺。

把矜心要去得毫髮都盡，只有些須意念之萌，面上便帶著。聖賢志大心虛，只見得事事不如人，只見得人人皆可取，矜念安從生？此念不忘，只一善便自足，淺中狹量之鄙夫耳。

師無往而不在也，鄉國天下，古人師善人也，三人行，則師惡人矣。予師不止此也，鶴之父子，蟻之君臣，鴛鴦之夫婦，果然之朋友，烏之孝，騶虞之仁，雉之耿介，鳩之守拙，則觀禽哭而得吾師矣。松柏之孤直，蘭芷之清芳，萍藻之潔，桐之高秀，蓮之淄泥不染，菊之晚節愈芳，梅之貞白，竹之內虛外直、圓通有節，則觀草木而得吾師矣。山之鎮重，川之委曲而直，石之堅貞，淵之涵蓄，土之渾厚，火之光明，金之剛健，則觀五行而得吾師矣。鑒之明，衡之直，權之通變，量之有容，機之經綸，則觀雜物而得吾師矣。嗟夫！能自得師，則盈天地間皆師也。不然堯舜自堯舜，朱均自朱均耳。

聖賢只在與人同欲惡，「己欲立而立人，己欲達而達人。」，「我不欲人之加諸我也，吾亦欲無加諸人」，便是聖人。能近取譬，施諸己而不願，亦勿施於人，便是賢者。專所欲於己，施所惡於人，便是小人。學者用情，只在此二字上體認，最為吃緊，充得盡時，六合都是個，有甚二己。

人情只是個好惡，立身要在端好惡，治人要在同好惡。故好惡異，夫妻、父子、兄弟皆寇仇；好惡同，四海、九夷、八蠻皆骨肉。

「好學近乎知，力行近乎仁，知恥近乎勇。」有志者事竟成，那怕一生昏弱。「內視之謂明，反聽之謂聰，自勝之謂強。」外求則失愈遠，空勞百倍精神。

寄講學諸云：「白日當天，又向蟻封尋爝火；黃金滿室，卻穿鶉結丐藜羹。」

歲首桃符：「新德隨年進，昨非與歲除。」

縱作神仙，到頭也要盡；莫言風水，何地不堪埋？

內篇・

卷三

應務・養生

應務

閒暇時，留心不成，倉卒時，措手不得。胡亂支吾，任其成敗，或悔或不悔，事過後依然如昨。世之人如此者，百人而百也。凡事豫則立，此五字極當理會。

道眼在是非上見，情眼在愛憎上見，物眼無別白，渾沌而已。

實見得是時，便要斬釘截鐵，脫然爽潔，做成一件事，不可拖泥帶水，靠壁倚牆。

人定真足勝天。今人但委於天，而不知人事之未定耳。夫冬氣閉藏，不能生物，而老圃能開冬花，結春實；物性蠢愚，不解人事，而鳥師能使雀奕棋，蛙教書，況於能為之人事而可委之天乎？

責善要看其人何如，其人可責以善，又當自盡長善捄失之道。無指摘其所忌，無盡數其所失，無對人，無峭直，無長言，無累言，犯此六戒，雖忠告，非善道矣。其不見聽，我亦且有過焉，何以責人？

余行年五十，悟得五不爭之味。人問之。曰：「不與居積人爭富，不與進取人爭貴，不與矜飾人爭名，不與簡傲人爭禮，不與盛氣人爭是非。」

眾人之所混同，賢者執之；賢者之所束縛，聖人融之。

做天下好事，既度德量力，又審勢擇人。「專欲難成，眾怒難犯」此八字者，不獨妄動人宜慎，雖以至公無私之心，行正大光明之事，亦須調劑人情，發明事理，俾大家信從，然後動有成，事可久。盤庚遷殷，武王伐紂，三令五申猶恐弗從。蓋恒情多闇於遠識，小人不便於己私；群起而壞之，雖有良法，胡成胡久？自古皆然，故君子慎之。

辨學術，談治理，直須窮到至處，讓人不得，所謂宗廟朝廷便便言者。蓋道理，古今之道理，政事，國家之政事，務須求是乃已。我兩人皆置之度外，非求伸我也，非求勝人也，何讓人之有？只是平心易氣，為辨家第一法。才聲高色厲，便是沒涵養。

五月繅絲，正為寒時用；八月績麻，正為暑時用；平日涵養，正為臨時用。若臨時不能駕御氣質、張主物欲，平日而曰「我涵養」，吾不信也。夫涵養工夫豈為涵養時用哉？故馬蹷而後求轡，不如操持之有常；輻拆而後為輪，不如約束之有素。其備之也若迂，正為有時而用也。

膚淺之見，偏執之說，傍經據傳也近一種道理，究竟到精處都是浮說陂辭。所以知言，必須胸中有一副極准秤尺，又須在堂上，而後人始從。不然，窮年聚訟，其誰主持耶？

纖芥眾人能見，置纖芥於百里外，非驪龍不能見，疑似賢人能辨，精義而至入神，非聖人不解辨。夫以聖人之辨語賢人，且滋其惑，況眾人乎？是故微言不入世人之耳。

理直而出之以婉，善言也，善道也。

因之一字妙不可言。因利者無一錢之費，因害者無一力之勞，因情者無一念之拂，因言者無一語之爭。或曰：「不幾於術乎？」曰：「此轉入而徇我者也。」或曰：「不幾於徇乎？」曰：「此因勢而利導者也。」故惟聖人善用因，智者善用因。

處世常過厚無害，惟為公持法則不可。

天下之物，紆徐柔和者多長，迫切躁急者多短。故烈風驟雨無崇朝之威，暴漲狂瀾無三日之勢，催拍促調非百板之聲，疾策緊銜非千里之轡。人生壽夭禍福無一不然，褊急者可以思矣。

幹天下事無以期限自寬。事有不測，時有不給，常有餘於期限之內，有多少受用處！

將事而能弭，當事而能救，既事而能挽，此之謂達權，此之謂才；未事而知其來，始事而要其終，定事而知其變，此之謂長慮，此之謂識。

凡禍患，以安樂生，以憂勤免；以奢肆生，以謹約免；以觖望生，以知足免；以多事生，以慎動免。

任難任之事，要有力而無氣；處難處之人，要有知而無言。

撼大摧堅，要徐徐下手，久久見功，默默留意，攘臂極力，一犯手自家先敗。

昏暗難諭之識，優柔不斷之性，剛愎自是之心，皆不可與謀天下之事。智者一見即透，練者觸類而通，困者熟思而得。三者之所長，謀事之資也，奈之何其自用也？

事必要其所終，慮必防其所至。若見眼前快意便了，此最無識，故事有當怒，而君子不怒；當喜，而君子不喜；當為，而君子不為，當已，而君子不已者，眾人知其一，君子知其他也。

柔而從人於惡，不若直而挽人於善；直而挽人於善，不若柔而挽人於善之為妙也。

激之以理法，則未至於惡也，而奮然為惡；愧之以情好，則本不徙義也，而奮然向義。此遊說者所當知也。

善處世者，要得人自然之情。得人自然之情，則何所不得？失人自然之情，則何所不失？不惟帝王為然，雖二人同行，亦離此道不得。

「察言觀色，度德量力」，此八字，處世處人，一時少不得底。

人有言不能達意者，有其狀非其本心者，有其言貌誣其本心者。君子觀人，與其過察而誣人之心，寧過恕以逃人之情。

人情，天下古今所同，聖人防其肆，特為之立中以的之。故立法不可太極，制禮不可太嚴，責人不可太盡，然後可以同歸於道。不然，是驅之使畔也。

天下之事，有速而迫之者，有遲而耐之者，有勇而劫之者，有柔而折之者，有憤而激之者，有喻而悟之者，有獎而歆之者，有甚而談之者，有順而緩之者，有積誠而感之者，要在相機因時，舛施未有不敗者也。

論眼前事，就要說眼前處置，無追既往，無道遠圖，此等語雖精，無裨見在也。

我益智，人益愚；我益巧，人益拙。何者？相去之遠而相責之深也。惟有道者，智能諒人之愚，巧能容人之拙，知分量不相及，而人各有能不能也。

天下之事，只定了便無事。物無定主而爭，言無定見而爭，事無定體而爭。

至人無好惡，聖人公好惡，眾人隨好惡，小人作好惡。

僕隸下人昏愚者多，而理會人意，動必有合，又千萬人不一二也。居上者往往以我責之，不合則艴然怒，甚者繼以鞭笞，則彼愈惶惑而錯亂愈甚。是我之過大於彼也，彼不明而我當明也，彼無能事上而我無量容下也，彼無心之失而我有心之惡也。若忍性平氣，指使而面命之，是兩益也。彼我無苦，而事有濟，不亦可乎？《詩》曰：「匪怒伊教。」《書》曰：「無忿疾於頑。」此學者涵養氣質第一要務也。

或問：「士大夫交際禮與？」曰：「禮也。古者，睦鄰國有享禮、有私覿，士大夫相見各有所贄，鄉黨亦然，婦人亦然，何可廢也？」曰：「近者嚴禁之，何也？」曰：「非禁交際，禁以交際行賄賂者也。夫無緣而交，無處而饋，其饋也過情，謂之賄可也。豈惟嚴禁，即不禁，君子不受焉。乃若宿在交知，情猶骨肉，數年不見，一飯不相留，人情乎？數千里來，一揖而告別，人情乎？則彼有饋遺，我有贈送，皆天理人情之不可已者也。士君子立身行己自有法度，絕人逃世，情所不安。余謂秉大政者貴持平，不貴一切。持平則有節，一切則愈潰，何者？勢不能也。」

古人愛人之意多，今日惡人之意多。愛人，故人易於改過；而視我也常親，我之教常易行；惡人，故人甘於自棄，而視我也常仇，我之言益不入。

觀一葉而知樹之死生，觀一面而知人之病否，現一言而知識之是非，現一事而知心之邪正。

論理要精詳，論事要剴切，論人須帶二三分渾厚。若切中人情，人必難堪。故君子不盡人之情，不盡人之過，非直遠禍，亦以留人掩飾之路，觸人悔悟之機，養人體面之餘，亦天地涵養之氣也。

「父母在難，盜能為我救之，感乎？」曰：「此不世之恩也，何可以弗感？」「設當用人之權，此人求用，可薦之乎？」曰：「何可薦也？天命有德，帝王之公典也，我何敢以私恩奸之？」「設當理刑之職，此人在獄，可縱之乎？」曰：「何可縱也？天討有罪，天下之公法也，我何敢以私恩骫之？」曰：「何以報之？」曰：「用吾身時，為之死可也；用吾家時，為之破可也。其他患難與之共可也。」

凡有橫逆來侵，先思所以取之之故，即思所以處之之法，不可便動氣。兩個動氣，一對小人，一般受禍。

喜奉承是個愚障。彼之甘言、卑辭、隆禮、過情，冀得其所欲，而免其可罪也，而我喜之，感之，遂其不當得之欲，而免其不可已之罪。以自蹈於廢公黨惡之大咎；以自犯於難事易悅之小人。是奉承人者智巧，而喜奉承者愚也。乃以為相沿舊規，責望於賢者，遂以不奉承恨之，甚者羅織而害之，其獲罪國法聖訓深矣。此居要路者之大戒也。雖然，奉承人者未嘗不愚也。使其所奉承而小人也，則可，果君子也，彼未嘗不以此觀人品也。

疑心最害事。二則疑，不二則不疑。然則聖人無疑乎？曰，「聖人只認得一個理，因理以思，順理以行，何疑之有？賢人有疑惑於理也，眾人多疑惑於情也。」或曰：「不疑而為人所欺，奈何？」曰：「學到不疑時，自然能先覺。況不疑之學，至誠之學也，狡偽亦不忍欺矣。」

以時勢低昂理者，眾人也；以理低昂時勢者，賢人也；推理是視，無所低昂者，聖人也。

貧賤以傲為德，富貴以謙為德，皆賢人之見耳。聖人只看理當何如，富貴貧賤除外算。

成心者，見成之心也。聖人胸中洞然清虛，無個見成念頭，故曰絕四。今人應事宰物都是成心，縱使聰明照得破，畢竟是意見障。

凡聽言，先要知言者人品，又要知言者意向，又要知言者識見，又要知言者氣質，則聽不爽矣。

不須犯一口說，不須著一意念，只恁真真誠誠行將去，久則自有不言之信，默成之孚，薰之善良，遍為爾德者矣。碱蓬生於碱地，燃之可碱；鹽蓬生於鹽地，燃之可鹽。

世人相與，非面上則口中也。人之心固不能掩於面與口，而不可測者則不盡於面與口也。故惟人心最可畏，人心最不可知。此天下之陷阱，而古今生死之衢也。余有一拙法，推之以至誠，施之以至厚，持之以至慎，遠是非，讓利名，處後下，則夷狄鳥獸可骨肉而腹心矣。將令深者且傾心，險者且化德，而何陷阱之予及哉？不然，必予道之未盡也。

處世只一恕字，可謂以己及人，視人猶己矣。然有不足以盡者。天下之事，有己所不欲而人欲者，有己所欲而人不欲者。這裡還須理會，有無限妙處。

寧開怨府，無開恩竇。怨府難充，而恩竇易擴也；怨府易閉，而恩竇難塞也。閉怨府為福，而塞恩竇為禍也。怨府一仁者能閉之，恩竇非仁、義、禮、智、信備不能塞也。仁者布大德，不干小譽；義者能果斷，不為姑息；禮者有等差節文，不一切以苦人情；智者有權宜運用，不張皇以駭聞聽；信者素孚人，舉措不生眾疑，缺一必無全計矣。

君子與小人共事必敗，君子與君子共事亦未必無敗，何者？意見不同也。今有仁者、義者、禮者、智者、信者五人焉，而共一事，五相濟則事無不成，五有主則事無不敗。仁者欲寬，義者欲嚴，智者欲巧，信者欲實，禮者欲文，事胡以成？此無他，自是之心勝，而相持之勢均也。歷觀往事，每有以意見相爭至亡人國家，釀成禍變而不顧。君子之罪大矣哉！然則何如？曰：「勢不可均。勢均則不相下，勢均則無忌憚而行其胸臆。三軍之事，卒伍獻計，偏裨謀事，主將斷一，何意見之敢爭？然則善天下之事，亦在乎通者當權而已。

萬弊都有個由來，只救枝葉，成得甚事？

與小人處，一分計較不得，須要放寬一步。

處天下事，只消得安詳二字。雖兵貴神速，也須從此二字做出。然安詳非遲緩之謂也，從容詳審，養奮發於凝定之中耳。是故不閒則不忙，不逸則不勞。若先怠緩，則後必急躁，是事之殃也。十行九悔，豈得謂之安詳？

果決人似忙，心中常有餘閒；因循人似閒，心中常有餘累。君子應事接物，常贏得心中有從容閒暇時便好。若應酬時勞擾，不應酬時牽掛，極是吃累的。

為善而偏於所向，亦是病。聖人之為善，度德量力，審勢順時，且如發棠不勸，非忍萬民之死也，時勢不可也。若認煞民窮可悲，而枉己徇人，便是欲矣。

分明不動聲色，濟之有餘，卻露許多痕跡，費許大張皇，最是拙工。

天下有兩可之事，非義精者不能擇。若到精處，畢竟只有一可耳。

聖人處事，有變易無方底，有執極不變底，有一事而所處不同底，有殊事而所處一致底，惟其可而已。自古聖人，適當其可者，堯舜禹文周孔數聖人而已。當可而又無跡，此之謂至聖。

聖人處事，如日月之四照，隨物為影；如水之四流，隨地成形，己不與也。

使氣最害事，使心最害理，君子臨事，平心易氣。

昧者知其一，不知其二，見其所見而不見其所不見，故於事鮮克有濟。惟智者能柔能剛，能圓能方，能存能亡，能顯能藏，舉世懼且疑，而彼確然為之，卒如所料者，見先定也。

字到不擇筆處，文到不修句處，話到不檢口處，事到不苦心處，皆謂之自得。自得者與天遇。

無用之樸，君子不貴。雖不事機械變詐，至於德慧術知，亦不可無。

神清人無忽語，機活人無癡事。

非謀之難，而斷之難也。謀者盡事物之理，達時勢之宜，意見所到不思其不精也，然眾精集而兩可，斷斯難矣。故謀者較尺寸，斷者較毫釐；謀者見一方至盡，斷者會八方取中。故賢者皆可與謀，而斷非聖人不能也。

人情不便處，便要迴避。彼雖難於言；而心厭苦之，此慧者之所必覺也。是以君子體悉人情。悉者，委曲周至之謂也。恤其私、濟其願、成其名、泯其跡，體悉之至也，感人淪於心骨矣。故察言觀色者，學之粗也；達情會意者，學之精也。

天下事只怕認不真，故依違觀望，看人言為行止。認得真時，則有不敢從之君親，更那管一國非之，天下非之。若作事先怕人議論，做到中間一被謗誹，消然中止，這不止無定力，且是無定見。民各有心，豈得人人識見與我相同；民心至愚，豈得人人意思與我相信。是以作事，君子要見事後功業，休恤事前議論，事成後眾論自息。即萬一不成，而我所為者，合下便是當為也，論不得成敗。

審勢量力，固智者事，然理所當為，而值可為之地，聖人必做一番，計不得成敗。如圍成不克，何損於舉動，竟是成當墮耳。孔子為政於衛，定要下手正名，便正不來，去衛也得。只事這個事，定姑息不過。今人做事只計成敗，都是利害心，害了是非之公。

或問：「慮以下人，是應得下他不？」曰：「若應得下他，如子弟之下父兄，這何足道？然亦不是卑諂而徇人以非禮之恭，只是無分毫上人之心，把上一著，前一步，盡著別人占，天地間惟有下面底最寬，後面底最長。」

士君子在朝則論政，在野則論俗，在廟則論祭禮，在喪則論喪禮，在邊國則論戰守，非其地也，謂之羨談。

處天下事，前面常長出一分，此之謂豫；後面常餘出一分，此之謂裕。如此則事無不濟，而心有餘樂。若扣殺分數做去，必有後悔處。人亦然，施在我有餘之恩，則可以廣德，留在人不盡之情，則可以全好。

非首任，非獨任，不可為禍福先。福始禍端，皆危道也。士君子當大事時，先人而任，當知慎果二字；從人而行，當知明哲二字。明哲非避難也，無裨於事而只自沒耳。

養態，士大夫之陋習也。古之君子養德，德成而見諸外者有德容。見可怒，則有剛正之德容；見可行，則有果毅之德容。當言，則終日不虛口，不害其為默；當刑，則不宥小故，不害其為量。今之人，士大夫以寬厚渾涵為盛德，以任事敢言為性氣，銷磨憂國濟時者之志，使之就文法，走俗狀，而一無所展布。嗟夫！治平之世宜爾，萬一多故，不知張眉吐膽、奮身前步者誰也？此前代之覆轍也。

處事先求大體，居官先厚民風。

臨義莫計利害，論人莫計成敗。

一人覆屋以瓦，一人覆屋以茅，謂覆瓦者曰：「子之費十倍予，然而蔽風雨一也。」覆瓦者曰：「茅十年腐，而瓦百年不碎，子百年十更，而多以工力之費、屢變之勞也。」嗟夫！天下之患莫大於有堅久之費，貽屢變之勞，是之謂工無用，害有益。天下之思，亦莫大於狃朝夕之近，忘久遠之安，是之謂欲速成見小利。是故，樸素渾堅，聖人制物利用之道也。彼好文者，惟樸素之恥而靡麗，夫易敗之物，不智甚矣。或曰：「糜麗其渾堅者，可乎？」曰：「既渾堅矣，靡麗奚為？苟以靡麗之費而為渾堅之資，豈不尤渾堅哉？是故，君子作有益，則輕千金；作無益，則惜一介。假令無一介之費，君子亦不作無益，何也？不敢以耳目之玩，啟天下民窮財盡之禍也。」

遇事不妨詳問、廣問，但不可有偏主心。

輕言驟發，聽言之大戒也。

君子處事，主之以鎮靜有主之心，運之以圓活不拘之用，養之以從容敦大之度，循之以推行有漸之序，待之以序盡必至之效，又未嘗有心勤效遠之悔。今人臨事，才去安排，又不耐躊躕，草率含糊，與事拂亂，豈無幸成？竟不成個處事之道。

君子與人共事，當公人己而不私。苟事之成，不必功之出自我也；不幸而敗，不必咎之歸諸人也。

有當然、有自然、有偶然。君子盡其當然，聽其自然，而不惑於偶然；小人泥於偶然，拂其自然，而棄其當然。噫！偶然不可得，並其當然者失之，可哀也。

不為外撼，不以物移，而後可以任天下之大事。彼悅之則悅，怒之則怒，淺衷狹量，粗心浮氣，婦人孺子能笑之，而欲有所樹立，難矣。何也？其所以待用者無具也。

明白簡易，此四字可行之終身。役心機，擾事端，是自投劇網也。

水之流行也，礙於剛，則求通於柔；智者之於事也，礙於此，則求通於彼。執礙以求通，則愚之甚也，徒勞而事不濟。

計天下大事，只在緊要處一著留心用力，別個都顧不得。譬之奕棋，只在輸贏上留心，一馬一卒之失，渾不放在心下，若觀者以此預計其高低，奕者以此預亂其心目，便不濟事。況善籌者以與為取，以喪為得；善奕者餌之使吞，誘之使進，此豈尋常識見所能策哉？乃見其小失而遽沮撓之，擯斥之，英雄豪傑可為竊笑矣，可為慟惋矣。

夫勢，智者之所藉以成功，愚者之所逆以取敗者也。夫勢之盛也，天地聖人不能裁，勢之衰也，天地聖人不能振，亦因之而已。因之中寓處之權，此善用勢者也，乃所以裁之、振之也。

士君子抱經世之具，必先知五用。五用之道未將，而漫嘗試之，此小丈夫技癢、童心之所為也，事必不濟。是故貴擇人。不擇可與共事之人，則不既厥心，不堪其任。或以虛文相欺，或以意見相傾，譬以玉杯付小兒，而奔走於崎嶇之峰也。是故貴達時。時者，成事之期也。機有可乘，會有可際，不先不後，則其道易行。不達於時。譬投種於堅凍之候也。是故貴審勢。勢者，成事之藉也。登高而招，順風而呼，不勞不費，而其易就。不審於勢，譬行舟於平陸之地也。是故貴慎發。左盼右望，長慮卻顧，實見得利矣，又思其害，實見得成矣，又慮其敗，萬無可虞則執極而不變。不慎所發，譬夜射儀的也。是故貴宜物。夫事有當蹈常襲故者，有當改弦易轍者，有當興廢舉墜者，有當救偏補救者，有以小棄大而卒以成其大者，有理屈於勢而不害其為理者，有當三令五申者，有當不動聲色者。不宜於物，譬苗莠兼存，而玉石俱焚也。嗟夫！非有其具之難，而用其具者之難也。

腐儒之迂說，曲士之拘談，俗子之庸識，躁人之淺見，譎者之異言，憸夫之邪語，皆事之成也，謀斷家之所忌也。

智者之於事，有言之而不行者，有所言非所行者，有先言而後行者，有先行而後言者，有行之既成而始終不言其故者，要亦為國家深遠之慮，而求以必濟而已。

善用力者就力，善用勢者就勢，善用智者就智，善用財者就財，夫是之謂乘。乘者，知幾之謂也。失其所乘，則倍勞而力不就，得其所乘，則與物無忤，於我無困，而天下享其利。

凡酌量天下大事，全要個融通周密，憂深慮遠。營室者之正方面也，遠視近視，曰：「有近視正而遠視不正者」；較長較短，曰：「有準於短而不準於長者」；應上應下，曰：「有合於上而不合於下者」；顧左顧右，曰：「有協於左而不協於右者」。既而遠近、長短、上下、左右之皆宜也，然後執繩墨、運木石、鳩器用，以定萬世不拔之基。今之處天下事者，粗心浮氣，淺見薄識，得其一方而固執以求勝。以此圖久大之業，為治安之計，難矣。

字經三書，未可遽真也；言傳三口，未可遽信也。

巧者，氣化之賊也，萬物之禍也，心術之蠹也，財用之災也，君子不貴焉。

君子之處事有真見矣，不遽行也，又驗眾見，察眾情，協諸理而協，協諸眾情、眾見而協，則斷以必行；果理當然，而眾情、眾見之不協也，又委曲以行吾理。既不貶理，又不駭人，此之謂理術。噫！惟聖人者能之，獵較之類是也。

幹天下大事非氣不濟。然氣欲藏，不欲露；欲抑，不欲揚。掀天揭地事業不動聲色，不驚耳目，做得停停妥妥，此為第一妙手，便是入神。譬之天地，當春夏之時，發育萬物，何等盛大流行之氣！然視之不見，聽之不聞，豈無風雨雷霆，亦只時發間出，不顯匠作萬物之跡，這才是化工。

疏於料事，而拙於謀身，明哲者之所懼也。

實處著腳，穩處下手。

姑息依戀，是處人大病痛，當義處，雖處骨肉，亦要果斷；鹵莽逕宜，是處事大病痛，當緊要處，雖細微，亦要檢點。

正直之人，能任天下之事。其才、其守小事自可見。若說小事且放過，大事到手才見擔當，這便是飾說，到大事定然也放過了。松柏生，小便直，未有始曲而終直者也。若用權變時另有較量，又是一副當說話。

無損損，無益益，無通通，無塞塞，此謂天地之道，理人物之宜也。然人君自奉無嫌於損損，於百姓無嫌於益益；君子擴理路無嫌於通通，杜欲竇無嫌於塞塞。

事物之理有定，而人情意見千歧萬逕，吾得其定者而行之，即形跡可疑，心事難白，亦付之無可奈何。若惴惴畏譏，瑣瑣自明，豈能家置一喙哉？且人不我信，辯之何益？人若我信，何事於辯？若事有關涉，則不當以緘默妨大計。

處人、處已、處事，都要有餘，無餘便無救性，此理甚難言。

悔前莫如慎始，悔後莫如改圖，徒悔無益也。

居鄉而囿於數十里之見，硜硜然守之也，百攻不破，及遊大都，見千里之事，茫然自失矣。居今而囿於千萬人之見，硜硜然守之也，百攻不破，及觀《墳》《典》，見千萬年之事，茫然自失矣。是故囿見不可狃，狃則狹，狹則不足以善天下之事。

事出於意外，雖智者亦窮，不可以苛責也。

天下之禍多隱成而卒至，或偶激而遂成。隱成者貴預防，偶激者貴堅忍。

當事有四要：際畔要果決，怕是綿；執持要堅耐，怕是脆；機括要深沉，怕是淺；應變要機警，怕是遲。

君子動大事，十利而無一害，其舉之也，必矣。然天下無十利之事，不得已而權其分數之多寡，利七而害三，則吾全其利而防其害。又較其事勢之輕重，亦有九害而一利者為之，所利重而所害輕也，所利急而所害緩也，所利難得而所害可救也，所利久遠而所害一時也。此不可與淺見薄識者道。

當需莫厭久，久時與得時相鄰。若憤其久也，而決絕之，是不能忍於斯須，而甘棄前勞，坐失後得也。此從事者之大戒也。若看得事體審，便不必需，即需之久，亦當速去。

朝三暮四，用術者誠詐矣，人情之極致，有以朝三暮四為便者，有以朝四暮三為便者，要在當其所急。猿非愚，其中必有所當也。

天下之禍，非偶然而成也，有輳合，有搏激，有積漸。輳合者，雜而不可解，在天為風雨雷電，在身為多過，在人為朋奸，在事為眾惡遭會，在病為風寒暑濕，合而成痹。搏激者，勇而不可禦，在天為迅雷大雹，在身為忿狠，在人為橫逆卒加，在事為驟感成凶，在病為中寒暴厥。積漸者，極重而不可反，在天為寒暑之序，在身為罪惡貫盈，在人為包藏待逞，在事為大敝極壞，在病為血氣衰羸、痰火蘊鬱、奄奄不可支。此三成者，理勢之自然，天地萬物皆不能外，禍福之來，恒必由之。故君子為善則籍眾美，而防錯履之多，奮志節而戒一朝之怒，體道以終身，孜孜不倦，而絕不可長之欲。

再之略，不如一之詳也；一之詳，不如再之詳也，再詳無後憂矣。

有餘，當事之妙道也。故萬無可慮之事備十一，難事備百一，大事備千一，不測之事備萬一。

在我有餘，則足以當天下之感，以不足當感，未有不困者。識有餘，理感而即透；才有餘，事感而即辦；力有餘，任感而即勝；氣有餘，變感而不震；身有餘，內外感而不病。

語之不從，爭之愈勍，名之乃驚。不語不爭，無所事名，忽忽冥冥，吾事已成，彼亦懵懵。昔人謂：「不動聲色而措天下於泰山」，予以為：「動聲色則不能措天下於泰山矣」。故曰：「默而成之，不言而信，存乎德行。」

天下之事，在意外者常多。眾人見得眼前無事，都放下心，明哲之士，只在意外做工夫，故每萬全而無後憂。

不以外至者為榮辱，極有受用處，然須是裡面分數足始得。今人見人敬慢，輒有喜慍心，皆外重者也。此迷不破，胸中冰炭一生。

有一介必吝者，有千金可輕者，而世之論取與動，曰所直幾何？此亂語耳。

才猶兵也，用之伐罪弔民，則為仁義之師；用之暴寡凌弱，則為劫奪之盜。是故，君子非無才之患，患不善用才耳。故惟有德者能用才。

藏莫大之害，而以小利中其意；藏莫大之利，而以小害疑其心。此愚者之所必墮，而智者之所獨覺也。

今人見前輩先達作事不自振拔，輒生歎恨，不知渠當我時也會歎恨人否？我當渠時能免後人歎恨否？事不到手，責人盡易，待君到手時，事事努力，不輕放過便好。只任嘵嘵責人，他日縱無可歎恨，今日亦浮薄子也。

區區與人較是非，其量與所較之人相去幾何？

無識見底人，難與說話；偏識見底人，更難與說話。

兩君子無爭，相讓故也；一君子一小人無爭，有容故也。爭者，兩小人也。有識者奈何自處於小人？即得之未必榮，而況無益於得，以博小人之名，又小人而愚者。

方嚴是處人大病痛。聖賢處世，離一溫厚不得，故曰泛愛眾，曰和而不同，曰和而不流，曰群而不黨，曰周而不比，曰愛人，曰慈祥，曰豈弟，曰樂只，曰親民，曰容眾，曰萬物一體，曰天下一家，中國一人。只恁踽踽涼涼，冷落難親，便是世上一個礙物。即使持正守方，獨立不苟，亦非用世之才，只是一節狷介之士耳。

謀天下後世事，最不可草草，當深思遠慮。眾人之識，天下所同也，淺昧而狃於目前，其次有眾人看得一半者，其次豪傑之士與練達之人得其大概者，其次精識之人有曠世獨得之見者，其次經綸措置、當時不動聲色，後世不能變易者，至此則精矣，盡矣，無以復加矣，此之謂大智，此之謂真才。若偶得之見，借聽之言，翹能自喜，而攘臂直言天下事，此老成者之所哀，而深沉者之所懼也。

而今只一個苟字，支吾世界萬事，安得不廢弛？

天下事，要乘勢待時，譬之決癰，待其將潰，則病者不苦而癰自愈，若虺蝮毒人，雖即砍手斷臂，猶遲也。

飯休不嚼就咽，路休不看就走，人休不擇就交，話休不想就說，事休不思就做。

參苓歸芪，本益人也，而與身無當，反以益病；親厚懇切，本愛人也，而與人無當，反以速禍，故君子慎焉。

兩相磨蕩，有皆損，無俱全，特大小久近耳。利刃終日斷割，必有缺折之時；砥石終日磨礱，亦有虧消之漸。故君子不欲敵人以自全也。

見前面之千里，不若見背後之一寸。故達現非難，而反觀為難；見見非難，而見不見為難；此舉世之所迷，而智者之獨覺也。

譽既汝歸，毀將安辭？利既汝歸，害將安辭？巧既汝歸，罪將安辭？

上士會意，故體人也以意，觀人也亦以意。意之感人也，深於骨肉，意之殺人也，毒於斧鉞。鷗鳥知漁父之機，會意也，可以人而不如鷗乎？至於徵色發聲而不觀察，則又在色斯舉矣之下。

士君子要任天下國家事，先把本身除外。所以說策名委質，言自策名之後，身已非我有矣，況富貴乎？若營營於富貴身家，卻是社稷蒼生委質於我也，君之賊臣乎？天之僇民乎？

聖賢之量空闊，事到胸中如一葉之泛滄海。

聖賢處天下事，委曲紆徐，不輕徇一己之情，以違天下之欲，以破天下之防。是故道有不當直，事有不必果者，此類是也。譬之行道然，循曲從遠，順其成跡，而不敢以欲速適己之便者，勢不可也。若必欲簡捷直遂，則兩京程途，正以繩墨，破城除邑，塞河夷山，終有數百里之近矣，而人情事勢不可也。是以處事要遜以出之，而學者接物，怕徑情直行。

熱鬧中空老了多少豪傑，閒淡滋味，惟聖賢嘗得出，及當熱鬧時，也只以這閒淡心應之。天下萬事萬物之理，都是閒淡中求來，熱鬧處使用。是故，靜者，動之母。

胸中無一毫欠缺，身上無一些點染，便是羲皇以上人，即在夷狄患難中，何異玉燭春台上？

聖人掀天揭地事業，只管做，只是不費力；除害去惡，只管做，只是不動氣；蹈險投艱，只管做，只是不動心。

聖賢用剛，只夠濟那一件事便了；用明，只夠得那件情便了；分外不剩分毫。所以作事無痕跡，甚渾厚，事既有成，而亦無議。

聖人只有一種才，千通萬貫隨事合宜，譬如富貴只積一種錢，貿易百貨都得。眾人之材如貨，輕縠雖美，不可禦寒；輕裘雖溫，不可當暑。又養才要有根本，則隨遇不窮；運才要有機括，故隨感不滯；持才要有涵蓄，故隨事不敗。

坐疑似之跡者，百口不能自辨；犯一見之真者，百口難奪其執。此世之通患也。聖〔人〕虛明通變吻合人情，如人之肝肺在其腹中，既無遁情，亦無誣執。故人有感泣者，有愧服者，有歡悅者。故曰惟聖人為能通天下之志，不能如聖人，先要個虛心。

聖人處小人，不露形跡，中間自有得已處。高崖陡塹，直氣壯頎皆偏也，即不論取禍，近小文夫矣。孟子見樂正子從王驩，何等深惡！及處王驩，與行而不與比，雖然，猶形跡矣。孔子處陽貨只是個紿法，處向魋只是個躲法。

君子所得不同，故其所行亦異。有小人於此，仁者憐之，義者惡之，禮者處之不失禮，智者處之不取禍，信者推誠以御之，而不計利害，惟聖人處小人，得當可之宜。

被髮於鄉鄰之鬥，豈是惡念頭？但類於從井救人矣。聖賢不為善於性分之外。

仕途上，只應酬無益人事，工夫占了八分，更有甚精力時候修正經職業？我嘗自喜行三種方便，甚於彼我有益：不面謁人，省其疲於應接；不輕寄書，省其困於裁答；不乞求人看顧，省其難於區處。

士君子終身應酬，不止一事，全要將一個靜定心酌量緩急輕重為後先。若應轇轕情，處紛雜事，都是一味熱忙，顛倒亂應，只此便不見存心定性之功，當事處物之法。

儒者先要個不俗，才不俗又怕乖俗。聖人只是和人一般，中間自有妙處。

處天下事，先把我字閣起，千軍萬馬中，先把人字閣起。

處毀譽，要有識有量。今之學者，盡有向上底，見世所譽而趨之，見世所毀而避之，只是識不定；聞譽我而喜，聞毀我而怒，只是量不廣。真善惡在我，毀譽於我無分毫相干。

某平生只欲開口見心，不解作吞吐語。或曰：「恐非其難其慎之義。」予矍然驚謝曰：「公言甚是。但其難其慎在未言之前，心中擇個是字才脫口，更不復疑，何吞吐之有？吞吐者，半明半暗，似於開成心三字礙。」

接人要和中有介，處事要精中有果，認理要正中有通。

天下之事，常鼓舞不見罷勞，一衰歇便難振舉。是以君子提醒精神，不令昏眩，役使筋骨不令怠惰，懼振舉之難也。

實官、實行、實心，無不孚人之理。

當大事，要心神定，心氣足。

世間無一處無拂意事，無一日無拂意事，惟度量寬弘，有受用處，彼局量褊淺者，空自懊恨耳。

聽言之道，徐審為先，執不信之心，與執必信之心，其失一也。惟聖人能先覺，其次莫如徐審。

君子之處事也，要我就事，不令事就我；其長民也，要我就民，不令民就我。

上智不悔，詳於事先也；下愚不悔，迷於事後也。惟君子多悔。雖然，悔人事，不悔天命，悔我不悔人。我無可悔，則天也、人也，聽之矣。

某應酬時有一大病痛，每於事前疏忽，事後點檢，點檢後輒悔吝；閒時慵獺，忙時迫急，迫急後輒差錯。或曰：「此失先後著耳。肯把點檢心放在事前，省得點檢，又省得悔吝。肯把急迫心放在閒時，省得差錯，又省得牽掛。大率我輩不是事累心，乃是心累心。一謹之不能，而謹無益之謹；一勤之不能，而勤無及之勤，於此心倍苦，而於事反不詳焉，昏懦甚矣！」書此以自讓。

無謂人唯唯，遂以為是我也；無謂人默默，遂以為服我也，無謂人煦煦，遂以為愛我也；無謂人卑卑，遂以為恭我也。

事到手且莫急，便要緩緩想；想得時切莫緩，便要急急行。

我不能寧耐事，而令事如吾意，不則躁煩；我不能涵容人，而令人如吾意，不則譴怒。如是則終日無自在時矣，而事卒以僨，人卒以怨，我卒以損，此謂至愚。

有由衷之言，有由口之言；有根心之色，有浮面之色。各不同也，應之者貴審。

富貴，家之災也；才能，身之殃也；聲名，謗之媒也；歡樂，悲之藉也。故惟處順境為難。只是常有懼心，遲一步做，則免於禍。

語云：「一錯二誤」，最好理會。凡一錯者，必二誤，蓋錯必悔怍，悔怍則心凝於所悔，不暇他思，又錯一事。是以無心成一錯，有心成二誤也。禮節應對間最多此失。苟有錯處，更宜鎮定，不可忙亂，一忙亂則相因而錯者無窮矣。

衝繁地，頑鈍人，紛雜事，遲滯期，拂逆時，此中最好養火。若決裂憤激，悔不可言；耐得過時，有無限受用。

當繁迫事，使聾瞽人；值追逐時，騎瘦病馬；對昏殘燭，理爛亂絲，而能意念不躁，聲色不動，亦不後事者，其才器吾誠服之矣。

義所當為，力所能為，心欲有為，而親友挽得回，妻孥勸得止，只是無志。

妙處，先定不得，口傳不得，臨事臨時，相幾度勢，或只須色意，或只須片言，或用疾雷，或用積陰，務在當可，不必彼覺，不必人驚，卻要善持善發，一錯便是死生關。

意主於愛，則詬罵撲擊皆所以親之也；意主於惡，則獎譽綢繆皆所以仇之也。

養定者，上交則恭而不迫，下交則泰而不忽，處親則愛而不狎，處疏則真而不厭。

有進用，有退用，有虛用，有實用，有緩用，有驟用，有默用，有不用之用，此八用者，宰事之權也。而要之歸於濟義，不義，雖濟，君子不貴也。

責人要含蓄，忌太盡；要委婉，忌太直；要疑似，忌太真。今子弟受父兄之責也，尚有所不堪，而況他人乎？孔子曰：「忠告而善道之，不可則止。」此語不止全交，亦可養氣。

禍莫大於不仇人，而有仇人之辭色；恥莫大於不恩人，而詐恩人之狀態。

柔勝剛，訥止辯，讓愧爭，謙伏傲。是故退者得常倍，進者失常倍。

余少時曾洩當密之語，先君責之，對曰：「已戒聞者，使勿洩矣。」先君曰：「子不能必子之口，而能必人之口乎？且戒人與戒己孰難？小子慎之。」

〈中孚〉，妙之至也。格天動物不在形跡言語。事為之末；苟無誠以孚之，諸皆糟粕耳，徒勤無益於義；鳥抱卵曰孚，從爪從子，血氣潛入而子隨母化，豈在聲色？豈事造作？學者悟此，自不怨天尤人。

應萬變，索萬理，惟沉靜者得之。是故水止則能照，衡定則能稱。世亦有昏昏應酬而亦濟事，夢夢談道而亦有發明者，非資質高，則偶然合也，所不合者何限？

禍莫大於不體人之私而又苦之，仇莫深於不諱人之短而又訐之。

肯替別人想，是第一等學問。

不怕千日密，只愁一事疏。誠了再無疏處，小人掩著，徒勞爾心矣。譬之於物，一毫欠缺，久則自有欠缺承當時；譬之於身，一毫虛弱，久則自有虛弱承當時。

置其身於是非之外，而後可以折是非之中；置其身於利害之外，而後可以觀利害之變。

余觀察晉中，每升堂，首領官凡四人，先揖堂官，次分班對揖，將退，則余揖手，四人又一躬而行。一日，三人者以公出，一人在堂，偶忘對班之無人，又忽揖下，起，愧不可言，群吏忍口而笑。余揖手謂之曰：「有事不妨先退。」揖者退，其色頓平。昔余令大同日，縣丞到任，余讓筆揖手，丞他顧而失瞻，余面責簿吏曰：「奈何不以禮告新官？」丞愧謝，終公宴不解容，余甚悔之。偶此舉能掩人過，可補前失矣。因識之以充忠厚之端云。

善用人底，是個人都用得；不善用人底，是個人用不得。

以多惡棄人，而以小失發端，是藉棄者以口實，而自取不韙之譏也。曾有一隸，怒撻人，余杖而恕之。又竊同舍錢，又杖而恕之，且戒之曰：「汝慎，三犯不汝容矣！」一日在燕，醉而寢。余既行矣，而呼之不至，既至，托疾，實醉也。余逐之。出語人曰：「余病不能從，遂逐我。」人曰：「某公有德器，乃以疾逐人耶？」不知余惡之也，以積愆而逐之也。以小失則余之拙也。雖然，彼藉口以自白，可為他日更主之先容，余拙何悔！

手段不可太闊，太闊則填塞難完；頭緒不可太繁，太繁則照管不到。

得了真是非，才論公是非。而今是非不但捉風捕影，且無風無影，不知何處生來，妄聽者遽信是實，以定是非。曰：我無私也。噫！固無私矣，〈采苓〉止棘，暴公〈巷伯〉，孰為辯之？

固可使之愧也，乃使之怨；固可使之悔也，乃使之怒；固可使之感也，乃使之恨。曉人當如是耶？

不要使人有過。

謙忍皆居尊之道，儉樸皆居富之道。故曰：「卑不學恭，貧不學儉。」

豪雄之氣，雖正多粗，只用他一分，便足濟事，那九分都多了，反以憤事矣。

君子不受人不得已之情，不苦人不敢不從之事。

教人十六字：誘掖、獎勸、提撕、警覺、涵育、薰陶、鼓舞、興作。

水激逆流，火激橫發，人激亂作，君子慎其所以激者。愧之，則小人可使為君子，激之，則君子可使為小人。

事前忍易，正事忍難；正事悔易，事後悔難。

說盡有千說，是卻無兩是。故談道者，必要諸一是而後精，謀事者，必定於一是而後濟。

世間事各有恰好處，慎三分者得一分，忽一分者失一分，全慎全得，全忽全失。小事多忽，忽小則失大；易事多忽，忽易則失難。存心君子自得之體驗中耳。

到一處問一處風俗，果不大害，相與循之，無與相忤。果於義有妨，或不言而默默轉移，或婉言而徐徐感動，彼將不覺而同歸於我矣。若疾言厲色，是己非人，是激也，自家取禍不惜，可惜好事做不成。

事有可以義起者，不必泥守舊例；有可以獨斷者，不必觀望眾人。若舊例當，眾人是，莫非胸中道理而彼先得之者也，方喜舊例免吾勞，方喜眾見印吾是，何可別生意見以作聰明哉？此繼人之後者之所當知也。

善用明者，用之於暗；善用密者，用之於疏。

你說底是，我便從，我不是從你，我自從是，仍私之有？你說底不是，我便不從，不是不從你，我自不從不是，何嫌之有？

日用酬酢，事事物物要合天理人情。所謂合者，如物之有底蓋然，方者不與圓者合，大者不與小者合，欹者不與正者合。

覆諸其上而不廣不狹，旁視其隙而若有若無。一物有一物之合，不相苦窳；萬物各有其合，不相假借。此之謂天則，此之謂大中，此之謂天下萬事萬物各得其所，而聖人之所以從容中，賢者之所以精一求，眾人之所以醉心夢意、錯行亂施者也。

事有不當為而為者，固不是；有不當悔而悔者，亦不是。聖賢終始無二心，只是見得定了。做時原不錯，做後如何悔？即有凶咎，亦是做時便大拚如此。

心實不然，而跡實然。人執其然之跡，我辨其不然之心，雖百口，不相信也。故君子不示人以可疑之跡，不自誣其難辨之心。何者？正大之心孚人有素，光明之行無所掩覆也。倘有疑我者，任之而已，嘵嘵何為？

大丈夫看得生死最輕，所以不肯死者，將以求死所也。死得其所，則為善用死矣。成仁取義，死之所也，雖死賢於生也。

將祭而齊其思慮之不齊者，不惟惡念，就是善念，也是不該動的。這三日裡，時時刻刻只在那所祭者身上，更無別個想頭，故曰精白一心。才一毫雜便不是精白，才二便不是一心，故君子平日無邪夢，齊日無雜夢。

彰死友之過，此是第一不仁。生而告之也，望其能改，彼及聞之也，尚能自白，死而彰之，夫何為者？雖實過也，吾為掩之。

爭利起於人各有欲，爭言起於人各有見。惟君子以淡泊自處，以知能讓人，胸中有無限快活處。

吃這一箸飯，是何人種獲底？穿這一匹帛，是何人織染底？大廈高堂，如何該我住居？安車駟馬，如何該我乘坐？獲飽暖之休，思作者之勞；享尊榮之樂，思供者之苦，此士大夫日夜不可忘情者也。不然，其負斯世斯民多矣。

只大公了，便是包涵天下氣象。

定、靜、安、慮、得，此五字時時有，事事有，離了此五字便是孟浪做。

公人易，公己難；公己易，公己於人難；公己於人易，忘人己之界而不知我之為誰難。公人處，人能公者也；公己處，己亦公者也。至於公己於人，則不以我為嫌時，當貴我富我。泰然處之，而不嫌於尊己，事當逸我利我。公然行之，而不嫌於厲民，非富貴我，逸利我也。我者，天下之我也。天下名分紀綱於我乎寄，則我者，名分紀綱之具也。何嫌之有？此之謂公己於人，雖然，猶未能忘其道，未化也。聖人處富貴逸利之地，而忘其身；為天下勞苦卑困，而亦忘其身。非曰我分當然也，非曰我志欲然也。譬痛者之必呻吟，樂者之必談笑，癢者之必爬搔，自然而已。譬蟬之鳴秋，雞之啼曉，草木之榮枯，自然而已。夫如是，雖負之使灰其心，怒之使薄其意，不能也；況此分不盡，而此心少怠乎？況人情未孚，而惟人是責乎？夫是之謂忘人己之界，而不知我之為誰。不知我之為誰，則亦不知人之為誰矣。不知人我之為誰，則六合混一，而太和元氣，塞於天地之間矣。必如是而後謂之仁。

才下手便想到究竟處。

理、勢、數皆有自然。聖人不與自然鬥，先之不敢干之，從之不敢迎之，待之不敢奈之，養之不敢強之。功在凝精不攖其鋒，妙在默成不揭其名。夫是以理、勢、數皆為我用，而相忘於不爭。噫！非善濟天下之事者，不足以語此。

心一氣純，可以格天動物，天下無不成之務矣。

握其機使自息，開其竅使自噭，發其萌使自崢，提其綱使自張，此老氏之術乎？曰：非也。二帝三王御世之大法，不過是也。解其所不得不動，投其所不得不好，示其所不得不避。天下固有抵死而惟吾意指者，操之有要，而敁敠其心故也。化工無他術，亦只是如此。

對憂人勿樂，對哭人勿笑，對失意人勿矜。

與禽獸奚擇哉？於禽獸又何難焉？此是孟子大排遣。初愛敬人時，就安排這念頭，再不生氣。余因擴充排遣橫逆之法，此外有十：

一曰：與小人處，進德之資也。彼侮愈甚，我忍愈堅，於我奚損哉？《詩》曰：「他山之石，可以攻玉。」

二曰：不遇小人，不足以驗我之量。《書》曰：「有容德乃大。」

三曰：彼橫逆者，至於自反而忠，猶不得免焉。其人之頑悖甚矣，一與之校，必起禍端。兵法云：「求而不得者，挑也，無應。」

四曰：始愛敬矣，又自反而仁禮矣，又自反而忠矣。我理益直，我過益寡。其卒也，乃不忍於一逞，以掩舊善，而與彼分惡，智者不為。太史公曰：「無棄前修而崇新過。」

五曰：是非之心，人皆有之。彼固自昧其天，而責我無已，公論自明，吾亦付之不辯；古人云：「桃李不言，下自成蹊。」

六曰：自反無闕。彼欲難盈，安心以待之，緘口以聽之，彼計必窮。兵志曰：「不應不動，敵將自靜。」

七曰：可避則避之，如太王之去邠；可下則下之，如韓信之跨下。古人云：「身愈詘，道愈尊。」又曰：「終身讓畔，不失一段。」

八曰：付之天。天道有知，知我者其天乎？《詩》曰：「投彼有昊。」

九曰：委之命。人生相與，或順或忤，或合或離，或疏之而親，或厚之而疑，或偶遭而解，或久構而危。魯平公將出而遇臧倉，司馬牛為弟子而有桓魋，豈非命耶？

十曰：外寧必有內憂。小人侵陵則懼患、防危、長慮、卻顧，而不敢侈然。有肆心則百禍潛消。孟子曰：「出則無敵國外患者，國恒亡。」三自反後，君子存心猶如此。彼愛人不親禮，人不答而遽怒，與夫不愛人、不敬人，而望人之愛敬己也，其去橫逆，能幾何哉？

過責望人，亡身之念也。君子相與，要兩有退心，不可兩有進心。自反者，退心也。故剛兩進則碎，柔兩進則屈，萬福皆生於退反。

施者不知，受者不知，誠動於天之南，而心通於海之北，是謂神應；我意才萌，彼意即覺，不俟出言，可以默會，是謂念應；我以目授之，彼以目受之，人皆不知，商人獨覺，是謂不言之應；我固強之，彼固拂之，陽異而陰同，是謂不應之應。明乎此者，可以談兵矣。

卑幼有過，慎其所以責讓之者：對眾不責、愧悔不責、暮夜不責、正飲食不責、正歡慶不責、正悲憂不責、疾病不責。

舉世之議論有五：求之天理而順，即之人情而安，可揆聖賢，可質神明，而不必於天下所同，曰公論。情有所便，意有所拂，逞辯博以濟其一偏之說，曰私論。心無私曲，氣甚豪雄，不察事之虛實、勢之難易、理之可否，執一隅之見，狃時俗之習，既不正大，又不精明，蠅鬨蛙嗷，通國成一家之說，而不可與聖賢平正通達之識，曰妄論。造偽投奸，噏訾詭秘，為不根之言，播眾人之耳，千口成公，久傳成實，卒使夷由為蹻跖，曰誣論。稱人之善，胸無秤尺，惑於小廉曲謹，感其煦意象恭，喜一激之義氣，悅一霎之道言，不觀大節，不較生平，不舉全體，不要永終，而遽許之，曰無識之論。嗚呼！議論之難也久矣，聽之者可弗察與？

簡靜沉默之人，發用出來不可當，故停蓄之水，一決不可禦也，蟄處之物，其毒不可當也，潛伏之獸，一猛不可禁也。輕洩驟舉，暴雨疾風耳，智者不懼焉。

平居無事之時，則丈夫不可繩以婦人之守也，及其臨難守死，則當與貞女烈婦比節；接人處眾之際，則君子未嘗示人以廉隅之跡也，及其任道徙義，則當與壯士健卒爭勇。

禍之成也必有漸，其激也奮於積。智者於其漸也絕之，於其積也消之，甚則決之。決之必須妙手，譬之瘍然，鬱而內潰，不如外決；成而後決，不如早散。

涵養不定的，惡言到耳先思馭氣，氣平再沒錯的。一不平，饒你做得是，也帶著五分過失在。

疾言、遽色、厲聲、怒氣，原無用處。萬事萬物只以心平氣和處之，自有妙應。余褊，每坐此失，書以自警。

嘗見一論人者云：「渠只把天下事認真做，安得不敗？」余聞之，甚驚訝，竊意天下事，盡認真做去，還做得不像，若只在假借面目上做工夫，成甚道理？天下事，只認真做了。更有甚說？何事不成？方今大病痛，正患在不肯認真做，所以大綱常、正道理，無人扶持，大可傷心。嗟夫！武子之愚，所謂認真也無？

人人因循昏忽，在醉夢中過了一生，壞廢了天下多少事！惟憂勤惕勵之君子，常自惺惺爽覺。

明義理易，識時勢難；明義理腐儒可能，識時勢非通儒不能也。識時易，識勢難；識時見者可能，識勢非蚤見者不能也。

識勢而蚤圖之，自不至於極重，何時之足憂？

只有無跡而生疑，再無有意而能掩者，可不畏哉？

令人可畏，未有不惡之者，惡生毀；令人可親，未有不愛之者，愛生譽。

先事體怠神昏，事到手忙腳亂，事過心安意散，此事之賊也。兵家尤不利此。

善用力者，舉百鈞若一羽，善用眾者，操萬旅若一人。

沒這點真情，可惜了繁文侈費；有這點真情，何嫌於二簋一掬？

百代而下，百里而外，論人只是個耳邊紙上，並跡而誣之，那能論心？嗚呼！文士尚可輕論人乎哉？此天譴鬼責所繫，慎之！

或問：「怨尤之念，底是難克，奈何？」曰：「君自來怨尤，怨尤出甚的？天之水旱為虐，不怕人怨，死自死耳，水旱白若也；人之貪殘無厭，不伯你尤，恨自恨耳，貪殘自若也。此皆無可奈何者。今且不望君自修自責，只將這無可奈何事，惱亂心腸，又添了許多痛苦，不若淡然安之，討些便宜。」其人大笑而去。

見事易，任事難。當局者只怕不能實見得，果實見得，則死生以之，榮辱以之，更管甚一家非之，全國非之，天下非之。

人事者，事由人生也。清心省事，豈不在人？

閉戶於鄉鄰之鬥，雖有解紛之智，息爭之力，不為也，雖忍而不得，謂之楊朱。忘家於懷襄之時，雖有室家之憂，骨肉之難，不顧也，雖勞而不得，謂之墨翟。

流俗污世中真難做人，又跳脫不出，只是清而不激就好。

恩莫到無以加處：情薄易厚，愛重成隙。

欲為便為，空言何益？不為便不為，空言何益？

以至公之耳，聽至私之口，舜、跖易名矣；以至公之心，行至私之聞，黜陟易法矣。故兼聽則不蔽，精察則不眩，事可從容，不必急遽也。

某居官，厭無情者之多言，每裁抑之。蓋無厭之欲，非分之求，若以溫顏接之，彼懇乞無已，煩瑣不休，非嚴拒則一日之應酬幾何？及部署日，看得人有不盡之情，抑不使通，亦未盡善。嘗題二語於私署云：「要說的，盡著都說，我不嗔你；不該從，未敢輕從，你休怪我。」或曰：「畢竟往日是。」

同途而遇，男避女，騎避步，輕避重，易避難，卑幼避尊長。

勢之所極，理之所截，聖人不得而毫髮也。故保辜以時刻分死生，名次以相鄰分得失。引繩之絕，墮瓦之碎，非必當斷當敝之處，君子不必如此區區也。

制禮法以垂萬世、繩天下者，須是時中之聖人，斟酌天理人情之至而為之。一以立極，無一毫矯拂心，無一毫懲創心，無一毫一切心，嚴也而於人情不苦，寬也而於天則不亂，俾天下肯從而萬世相安。故曰：「禮之用，和為貴。」和之一字，制禮法時合下便有，豈不為美？《儀禮》不知是何人制作，有近於迂闊者，有近於迫隘者，有近於矯拂者，大率是個嚴苛繁細之聖人所為，胸中又帶個懲創矯拂心，而一切之。後世以為周公也，遂相沿而守之，畢竟不便於人情者，成了個萬世虛車。是以繁密者激人躁心，而天下皆逃於闊大簡直之中；嚴峻者激人畔心，而天下皆逃於逍遙放恣之地。甚之者，乃所驅之也。此不可一二指。余讀《禮》，蓋心不安而口不敢道者，不啻百餘事也。而宋儒不察《禮》之情，又於節文上增一重鎖鑰，予小子何敢言？

禮無不報，不必開多事之端。怨無不酬，不可種難言之恨。

舟中失火，須思救法。

象箸夾冰丸，須要夾得起。

相嫌之敬慎，不若相忘之怒詈。

士君子之相與也，必求協諸禮義，將世俗計較一切脫盡。今世號為知禮者，全不理會聖賢本意，只是節文習熟，事體諳練，燦然可觀，人便稱之，自家欣然自得，泰然責人。嗟夫！自繁文彌尚而先王之道湮沒，天下之苦相責，群相逐者，皆末世之靡文也。求之於道，十九不合，此之謂習尚。習尚壞人，如飲狂泉。

學者處事處人，先要識個禮義之中。正這個中正處，要析之無毫釐之差，處之無過不及之謬，便是聖人。

當急遽冗雜時，只不動火，則神有餘而不勞事，從容而就理。一動火，種種都不濟。

予平生處人處事，淚切之病十居其九，一向在這裡克，只憑消磨不去。始知不美之質變化甚難，而況以無恒之志、不深之養，如何能變化得？若志定而養深，便是下愚也移得一半。

予平生做事發言，有一大病痛，只是個盡字，是以無涵蓄，不渾厚，為終身之大戒。

凡當事，無論是非邪正，都要從容蘊藉，若一不當意便忿恚而決裂之，此人終非遠器。

以激而發者，必以無激而癈，此不自涵養中來，算不得有根本底學者。涵養中人，遇當為之事，來得不陡，若懶若遲，持得甚堅，不移不歇。彼攘臂抵掌而任天下之事，難說不是義氣，畢竟到盡頭處不全美。

天地萬物之理，皆始於從容，而卒於急促。急促者盡氣也，從容者初氣也。事從容則有餘味，人從容則有餘年。

凡人應酬多不經思，一向任情做去，所以動多有悔。若心頭有一分檢點，便有一分得處，智者之忽，固不若愚者之詳也。

日日行不怕千萬里，常常做不怕千萬事。

事見到無不可時便斬截做，不要留戀，兒女子之情不足以語辦大事者也。

斷之一字，原謂義所當行，卻念有牽纏，事有掣礙，不得脫然爽潔，才痛煞煞下一個斷字，如刀斬斧齊一般。總然只在大頭腦處成一個是字，第二義又都放下，況兒女情、利害念，那顧得他？若待你百可意、千趁心，一些好事做不成。

先眾人而為，後眾人而言。

在邪人前發正論，不問有心無心，此是不磨之恨。見貪者談廉道，已不堪聞；又說某官如何廉，益難堪；又說某官貪，愈益難堪；況又勸汝當廉，況又責汝如何貪，彼何以當之？或曰：「當如何？」曰：「位在，則進退在我，行法可也。位不在，而情意相關，密諷可也。若與我無干涉，則鉗口而已。」禮入門而問諱，此亦當諱者。

天下事最不可先必而豫道之，已定矣，臨時還有變更，況未定者乎？故寧有不知之名，無貽失言之悔。

舉世囂囂兢兢不得相安，只是抵死沒自家不是耳。若只把自家不是都認，再替別人認一分，便是清寧世界，兩忘言矣。

人人自責自盡，不直四海無爭，彌宇宙間皆太和之氣矣。

當處都要個自強不息之心，天下何事不得了？天下何人不能處？

規模先要個闊大，意思先要個安閑，古之人約己而豐人，故群下樂為之用，而所得常倍。徐思而審處，故己不勞而事極精詳。褊急二字，處世之大礙也。

凡人初動一念是如此，及做出來卻不是如此，事去回顧，又覺不是如此，只是識見不定。聖賢才發一念，始終如一，即有思索，不過周詳此一念耳。蓋聖賢有得於豫養，故安閑；眾人取辦於臨時，故眩惑。

處人不可任己意，要悉人之情；處事不可任己見，要悉事之理。

天下無難處之事，只消得兩個「如之何」；天下無難處之人，只消得三個「必自成」。

人情要耐心體他，體到悉處，則人可寡過，我可寡怨。

事不關係都歇過，到關係時，悔之何及？事幸不敗都饒過，到敗事時，懲之何益？是以君子不忽小，防其敗也，不恕敗，防其再展。此心與旁觀者一般，何事不濟？

世道、人心、民生、國計，此是士君子四大責任。這裡都有經略，都能張主，此是士君子四大功業。

情有可通，莫於舊有者過裁抑，以生寡恩之怨；事在得已，莫於舊無者妄增設，以開多事之門。若理當革、時當興，合於事勢人情，則非所拘矣。

毅然奮有為之志，到手來只做得五分。確然矢不為之操，到手來只守得五分。渠非不自信，未臨事之志向雖篤，既臨事之力量不足也。故平居觀人以自省，只可信得一半。

辦天下大事，要精詳，要通變，要果斷，要執持。才鬆軟怠弛，何異鼠頭蛇尾？除天下大奸，要顧慮，要深沉，要突卒，要潔絕，才張皇疏慢，是攖虎欲龍鱗。

利害死生間，有毅然不奪之介，此謂大執持。驚急喜怒事，無卒然遽變之容，此謂真涵養。

力負邱山未足雄，地負萬山，此身還負地。量包滄海不為大，天包四海，吾量欲包天。

天不可欺，人不可欺，何處瞞藏些子？性分當盡，職分當盡，莫教久缺分毫。

何是何非，何長何短，但看百忍之圖。不喑不瞽，不痴不聾，自取一朝之忿。

植萬古綱常，先立定自家地步；做兩間事業，先推開物我藩籬。

捱不過底事，莫如早行；悔無及之言，何似休說。

苟時不苟真不苟，忙處無忙再無忙。

〈謙〉六爻，畫畫皆吉；恕一字，處處可行。

才逢樂處須知苦，既沒閑時那有忙。

生來不敢拂吾髮，義到何妨斷此頭。

量嫌六合隘，身負五岳輕。

休買貴後賤，休逐眾人見。

難乎能忍，妙在不言。

休忙休懶，不懶不忙。

養生

夫水遏之，乃所以多之；泄之，乃所以竭之。惟仁者能洩。惟智者知洩。

天地間之禍人者，莫如多；令人易多者，莫如美。美味令人多食，美色令人多欲，美聲令人多聽，美物令人多貪，美官令人多求，美室令人多居，美田令人多置，美寢令人多逸，美言令人多入，美事令人多戀，美景令人多留，美趣令人多思，皆禍媒也。不美則不令人多。不多則不令人敗。予有一室，題之曰「遠美軒」，而扁其中曰「冷淡」。非不愛美，懼禍之及也。夫魚見餌不見鉤，虎見羊不見阱。猩猩見酒不見人，非不見也，迷於所美而不暇顧也。此心一冷，則熱鬧之景不能入；一淡，則豔冶之物不能動。夫能知困窮、抑鬱、貧賤，坎坷之為祥，則可與言道矣。

以肥甘愛兒女而不思其傷身，以姑息愛兒女而不恤其敗德，甚至病以死，犯大辟而不知悔者，皆婦人之仁也。噫！舉世之自愛而陷於自殺者，又十人而九矣。

五閉，養德養生之道也。或問之曰：「視、聽、言、動、思將不啟與？」曰：「常閉而時啟之，不弛於事可矣。此之謂夷夏關。」

今之養生者，餌藥、服氣、避險、辭難、慎時、寡慾，誠要法也。嵇康善養生，而其死也卻在所慮之外。乃知養德尤養生之第一要也。德在我，而蹈白刃以死，何害其為養生哉？

愚愛談醫，久則厭之，客言及者，告之曰：「以寡慾為四物，以食淡為二陳，以清心省事為四君子。無價之藥，不名之醫，取諸身而已。」

仁者壽，生理完也；默者壽，元氣定也；拙者壽，元神固也。反比皆妖道也。其不然，非常理耳。

盜為男戎，色為女戎。人皆知盜之劫殺為可畏。而忘女戎之劫殺。悲夫！

太樸，天地之命脈也。太樸散而天地之壽妖可卜矣。故萬物蓄，則造化之元精耗散。木多實者根傷，草出莖者根虛，費用廣者家貧，言行多者神竭，皆妖道也。老子受用處，盡在此中看破。

饑寒痛癢，此我獨覺，雖父母不之覺也；衰老病死，此我獨當，雖妻子不能代也。自愛自全之道，不自留心，將誰賴哉？

氣有為而無知，神有知而無為。精者，無知無為，而有知有為之母也。精天一也，屬水，水生氣；氣純陽也，屬火，火生神；神太虛也，屬無，而麗於有。精盛則氣盛，精衰則氣衰，故甑涸而不蒸。氣存則神存，氣亡則神亡，故燭盡而火滅。

氣只夠喘息底，聲只夠聽聞底，切莫長餘分毫，以耗無聲無臭之真體。

語云：「縱欲忘身」，忘之一字最宜體玩。昏不省記謂之忘，欲迷而不悟，情勝而不顧也。夜氣清明時，都一一分曉，著迷處，便思不起，沉溺者可以驚心回首矣。

在篋香韞，在几香損，在爐香燼。

書室聯：「曙枕酣餘夢，旭窗閑展書。」

血歷史220　PC1061

新銳文創
INDEPENDENT & UNIQUE

讓你智慧大開之書
——《呻吟語》（內篇）

作　　者	呂　坤
主　　編	蔡登山
責任編輯	夏天安
圖文排版	蔡忠翰
封面設計	王嵩賀
出版策劃	新銳文創
發 行 人	宋政坤
法律顧問	毛國樑　律師
製作發行	秀威資訊科技股份有限公司 114 台北市內湖區瑞光路76巷65號1樓 電話：+886-2-2796-3638　傳真：+886-2-2796-1377 服務信箱：service@showwe.com.tw http://www.showwe.com.tw
郵政劃撥	19563868　戶名：秀威資訊科技股份有限公司
展售門市	國家書店【松江門市】 104 台北市中山區松江路209號1樓 電話：+886-2-2518-0207　傳真：+886-2-2518-0778
網路訂購	秀威網路書店：https://store.showwe.tw 國家網路書店：https://www.govbooks.com.tw
出版日期	2022年6月　BOD一版
定　　價	360元

讀者回函卡

Printed in Taiwan

國家圖書館出版品預行編目

讓你智慧大開之書：呻吟語. 內篇 / 呂坤原著；蔡登山主編. -- 一版. -- 臺北市：新銳文創, 2022.06
面；　公分. -- (血歷史；220)
BOD版
ISBN 978-626-7128-09-1(平裝)

1.CST: 修身

192　　111005910